「這是一本極好的女性指南，書中所提供的信息，均是女性極需要的。不論是任何年齡，關係決裂均會引致內在的痛楚，令人極度渴望成為完全。金．蓋恩斯．埃克特（Kim Gaines Eckert）使用正確的心理學洞見及聖經真理，作為往內往外成長旅程上的工具。透過治療關係去接納和愛上帝創造的你，是何等美妙的經驗。」

巴斯威克（Judith Balswick），婚姻與家庭治療師，合著《婚姻的典範》（*A Model for Marriage*）一書。

「具體、引發思考、醫治性、具挑戰性。這四個詞語勾畫了我對《不必完美，仍能完全》（*Stronger Than You Think*）一書的感想。金．蓋恩斯．埃克特既是直截了當的老師，又是見解獨到的治療師。她給女性寫了這本書，對我們的理智和內心說話。如果現在正是你要踏上一個正面、改變生命的旅程之時，這本女性導引就是為你而設的。我很喜愛它。」

西爾維厄斯（Jan Silvious），《簡單的生活》（*Foolproofing Your Life*）及《大女孩不哀傷》（*Big Girls Don't Whine*）作者

「《不必完美，仍能完全》為女性及男性提供正確的神學及實用的心理學知識，教導他們處理作為人所要面對的許多困境。如果你為著自尊、身型或關係上的事情而掙扎，那麼這書能幫助你成長，以致成為上帝創造你成為的完全人。」

霍爾曼（Virginia Todd Holeman），亞斯畢理神學院（Asbury Theological Seminary）輔導學教授

「這書能讓你思想、感受、成長。金 · 蓋恩斯 · 埃克特運用她在基督教神學、靈命塑造和心理學上的豐富知識，實踐於日常生活中。這不僅是本能幫助女性的書，對於作為女性身邊的朋友、同事及終生伴侶的男性，也甚有裨益。」

馬克 · 麥克明（Mark R. McMinn），教授及《尋找回家路》（*Finding Our Way Home: Turning Back to What Matters Most*）作者

「女性心靈的戰場乃在於其思想。《不必完美，仍能完全》裝備女性，幫助她們抵禦社會的信息、撒但的欺哄及我們內在的疑慮。」

戴維斯（Cara Davis），《光彩雜誌》（*Radiant magazine*）編輯及威分媒體集團（RELEVANT Media Group）編輯總監

「一些女性掙扎於要勝過過去及現在的個人痛苦，金 · 蓋恩斯 · 埃克特明白她們，給她們能力和希望。我的受助者會喜歡這書。」

卡羅琳（Carolyn Kohlenberger），波特蘭俄勒崗州（Portland, Oregon）恩光輔導中心（Sunnyside Counseling Center）執行董事

「每個敬拜完美上帝的女性，都會漸漸明白創造天地宇宙的上帝，同時又能揭露上帝要創造你成為怎樣的人的奧祕。」

阿特伯恩（Stephen Arterburn），《告別傷痛》（*Healing Is a Choice*）作者

真　　善　　美　　叢　　書

不必完美
仍能完全

金・蓋恩斯・埃克特 著
草木 譯

▼

真善美叢書

不必完美，仍能完全

Stronger Than You Think

Becoming Whole Without Having to Be Perfect

作者
金．蓋恩斯．埃克特 Kim Gaines Eckert

譯者
草木

責任編輯
文肖玲

裝幀設計
郭曉勤

■

出版 / 發行
基道出版社
香港沙田火炭坳背灣街 26 號富騰工業中心 1011 室
LOGOS PUBLISHERS
Unit 1011, Fo Tan Ind. Centre, 26 Au Pui Wan St., Shatin, Hong Kong
電話：(852) 2687-0331　傳真：(852) 2687-0281
網址：http://www.logos.com.hk

承印
海洋印務有限公司

●

7/2012 初版
Cat. No. LP764
ISBN: 978-962-457-444-9
Originally published by InterVarsity Press as
Stronger Than You Think
by Kim Gaines Eckert

Printed in Hong Kong

刷次	10	9	8	7	6	5	4	3	2
年份	2021	2020	2019	2018	2017	2016	2015		

給那些信任我，

把自己傷痛和破碎的故事告訴我的女性。

倘若她們閉口不言，

我就沒有故事可說。

也給我的母親——蘇珊・蓋恩斯（Susan Hadley Gaines）。

她實在比她想像中堅強。

目錄

鳴謝

我很榮幸處身在這個專業裏，在這裏人們會邀請我進入他們的內心世界，讓我陪伴他們走過哀傷與失去、醒悟與恐懼、破碎與恢復。這些年來，許多女性坐在輔導室向我傾訴故事，我一直盼望能給她們全面的資源，滿足她們所關注的，如身型和自尊、抑鬱和憤怒、關係模式及性方面的傷口。雖然我大量引用我輔導過的女性的經歷、掙扎和見解，但是我把姓名和個人資料改變了，以保障她們的私隱。我也深深地感激她們，因為她們勇敢、誠實，並且願意讓我陪伴她們走過人生路上的一段。

我亦很感激校園團契出版社（InterVarsity Press），尤其是編輯德道（Gary Deddo），他們相信我，並且認同此書的必要性。德道在神學方面的見解，甚至影響到我個人的生活，因而在這書中也能展現出來。我也感激那些匿名的校園團契出版社讀者，尤其是他們對上帝的形象（*imago Dei*）及道成肉身（embodiment issues）的回應。我有信心他們能在其中看到自己的影響。

這書的最初構思，是我仍是研究生時，在威頓學院（Wheaton College）的小辦公室內與馬可．麥克明（Mark

McMinn）的對話。當我說起想幫助女性成長至完全，麥克明就建議我寫一本以此為題的書。他的鼓勵和實際的幫助，在我的寫作過程中至為寶貴。幾年前，麥克明介紹另一位專業的良師納蘭摩爾（Bruce Narramore）給我，他深思熟慮的意見，也模造了這本書的雛型。

對我在李大學（Lee University）作教職員時的一個支持的羣體，我要獻上無盡的感謝。我亦尤其感激康恩博士（Dr. Paul Conn）的校長暑期補助金，在我寫作期間支持著我。

許多其他同事、朋友和學生看過這稿的不同部分，又提供了他們的意見。我實在也虧欠他們每一個：查理爾（Beth Charrier）、考克斯（Vivian Cox）、丹尼爾（Carmen Daniel）、卡羅琳．埃克特（Carolyn Eckert）、菲茨傑拉德（Erica Fitzgerald）、利爾（Jennette Leal）、穆恩（Gary Moon）、史密斯（Brittney Smith）、斯沃索特（Jennifer Swartout），以及我二〇〇六年女性人格理論及心理課的學生。我尤其感激威廉（Paul Wilhelm）先生，他就第十一章提供意見，又容許我分享約翰（John）的故事。科克（Brooke Kocher）與我教會中的婦女小組西北岸團契（North Shore Fellowship）讀過這書的手稿，她們的回應亦推動及鼓勵我。我的研究助理德沃克斯（Becky de Vaux）願意做所有我須做的事，由找書到整理註腳。她在編輯上的協助，以及細心的反思，也是十分寶貴的。

我的父母和家翁家姑時常替我照顧小孩，使我能完成這書。我的家翁家姑吉姆．埃克特（Jim Eckert）和珍妮·埃克特（Jeanne Eckert）一直以我為榮。在寫這書的時候，我常想起珍妮，因為她為身邊的人——男女皆是——展現了力量。我的父母湯姆·蓋恩斯（Tom Gaines）和蘇珊·蓋恩斯（Susan Gaines）讓我從小就在愛、支持和鼓勵中成長。我的母親把這書每一章的每一個版本都看過，而且盼望獨力把此書推上暢銷榜榜首。我真幸運，有她作我的朋友，為我打氣。

我更要為我的小兒子詹姆斯（Thomas James）而感恩，他在很多方面均表現出愛的奇迹，而他也令我變得比我自以為的更堅強，成為比我想像中更好的媽媽。我很蒙福，我的丈夫傑夫（Jeff）與我一同作父母，他也是個具恩賜的心理學家。傑夫的臨牀洞見及介入亦充分在這書中反映出來。他是我的編輯、校對員、共鳴板及顧問，我主力的推銷員及最大的鼓勵者。透過我與傑夫的關係，我時常被挑戰要與上帝、傑夫和我自己相遇。他是我在寫作此書上、為人父母及人生中的拍檔，我實在感激他。

最後，這書是我在人生中的一段失落日子裏寫成的。我感恩，因上帝在我們破碎之時使用我們——用我們最破碎的一塊來接觸這個受傷的世界。

第一部
渴望完全

1

在戀愛、家庭或事業中尋求完全

為甚麼一個破碎的世界會令我們失望

自古至今，女孩子都被訓練要表現得女性化，

不管她們本身的性格是怎樣。

而且，人們常按外表審視她們，

她們不斷被兩度力量拉扯：

要有成就，但不可過於卓越；

要有禮貌，卻也要忠於自己；

要女性化，又要成熟優雅；

要認識自我的文化傳統，卻不可評論性別歧視。

有人形容，淑女訓練就是虛假的自我訓練。

女孩子往往不能忠於自己，

只能成為比自己次一等的角色。

她們只是去滿足社會文化的期望，

而不是成為她們自己盼望成為的人。

派佛（Mary Pipher）

《拯救奧菲利亞》

（*Reviving Ophelia: Saving the Selves of Adolescent Girls*）

一九九六年，一套使女性不安的愛情小品在戲院上演。先不談這電影的潛在意識。《甜心先生》(*Jerry Maguire*；又名《征服情海》)當時大收旺場。電影主要講述一名運動店售貨員馬圭爾(Jerry Maguire)，最終迎娶他的助手、一個單親母親——多萝西(Dorothy)，他稱這為「忠誠」。在他們起初交往時，多萝西向馬圭爾表白，但馬圭爾卻一直與多萝西保持距離。最後，多萝西了解到他們雙方有不同的感覺，所以提出分手。在片中的高潮浪漫一刻，馬圭爾回去找多萝西，發表他愛的宣言。「你使我完整。」他告訴她，多萝西馬上就接受他。「我對你一見鍾情。」她答道，即使他在這關係中顯得對她不敏感和不一致，但多萝西卻極度渴求完全，並且相信只有透過愛情才能達致完全。

雖然，多萝西似乎不可以透過愛情找到長久的完全感，但我們很多人都會像她一樣，透過愛情追求完全。我們繼續追求，雖然暗裏也明白，這也將會使我們不滿足。據盧雲(Henri Nouwen)所寫：「許多婚姻觸礁，正在於任何一方都不能滿足另一方的隱藏盼望：伴侶能消除自己的寂寞。很多單身男女心存天真夢想，以為婚姻的親密關係能驅走寂寞。」[1]

可是，愛情並非我們尋找完全的惟一途徑。我們或會告訴自己，**如果我有一個小孩可以愛護，我就感覺完全**。又或**如果我是個完美的母親或妻子，我就會快樂**。又或者，**如果我能感覺成功，例如我特別擅長某件事，那我就會滿足**。我們也許會在成為母親這事上、成功的事業上，甚或教會事奉上追求完全，然而達到目標後，卻還是感到失望，仍欠缺了些甚麼似的。又或者由於內在感到不滿足，我們會參與一些具毀滅性的行為，例如濫用藥物、過度減肥和性濫交，以填補那空虛。

「我四十五歲了，我終於發現，我甚至不知道自己是誰。」瓊（June）在早期的一節輔導中告訴我。「我知道我是個母親和妻子。在工作上我表現理想，我也有一些朋友。可是，那好像還是不足。**我**永遠是不足的。我只是想感到完全。」瓊從內心的呼求：她生命中欠缺了一些東西，她認為自己永遠是不足的。事實上，我輔導過的女性對象及心理課上的女學生，有很多都身同感受，瓊只是其中一個。與女友人喝咖啡時，我聽聞過這掙扎的痛苦，而我在自己的生命中，也了解到「永遠是不足」的心痛感。

我記得，在青少年時期，我就想，當我可以駕車或升上大學，就會很快樂了。到了我進入大學，我恨不得馬上畢業，然後結婚。到了我成為已婚少婦，我只知道完成研究院及得到一份好的工作，能使人滿足。成了專業人士，孕育子女就成為我下一個目標。實際上，我也喜歡得到我的駕駛執照、上大學、結婚、生兒育女。我為到我每個新的經驗和角色感恩。所以當我因此仍感到有所欠缺時，整件事就更叫人摸不著頭腦，甚至心生歉疚。

牧師和主日學老師教導我們，要尋找我們在基督裏的意義和身分，他們亦提醒我們，在我們裏面有一個像上帝的形狀的破洞。當我們嘗試以愛情、成功，甚或為人父母來填補那空隙，就注定會失望。只有當我們的生活，是從上帝而來時，才能真正得滿足和被填滿。就如我認識的許多基督徒姊妹一樣，盼望植根在上帝的愛和保護中。我愈在生命中渴求此事，我愈對自己那不穩定的靈修、自私、盼望取得別人的認同多於上帝的認同而感到沮喪。如果你也像我，想被上帝充滿，就要在祂裏面找到你的平安和身分。當我們看不到在我們生命中有上帝的同在，就更增添我們的悔疚，甚至自我定罪。

這書是為像我、瓊、我的輔導受助者、學生、女性友人——渴望完全的女性寫的。也是給那些信任我，將自己的生命故事告訴我，又讓我陪她們經過破碎旅程的人。這書也是給那些從未求助於輔導，卻又與瓊一樣，感到生命中有缺欠，又或自己出了問題的無數婦女。

為何我們覺得不完全？

女性在很多方面會感覺破碎。我們的感情關係通常是其中一個主要的痛苦源頭。我們可能已經歷過一次感情重創——而現在我們也感到迷失，我們現在的關係，也許令我們受傷，甚或被虐，又或過去的傷口繼續折磨我們。在與伴侶或重要的人、父親或母親、上司或同事、兒子或女兒、朋友或兄弟姊妹的關係上，我們也許已面對極大的掙扎。

或許，關係的決裂其實是我們內在痛苦的一個副產品。我們經常覺得缺欠，是出於內在的不足。我們女性常常有一個無盡的不滿列表：太肥太胖、性格沒趣、頭髮凌亂、油頭垢面、不擅辭令、沒有才華、不懂運動等。當我在某次輔導中問瓊她有甚麼強項，她想了很久也想不到。可是，她卻能清晰地說出，母親在多年前曾問她是否胖了，又或父親多次告訴她，她上不了大學的原因是因為她不夠聰明。在我們的成長中，我們都會聽過父母、同輩或兄弟姊妹的批評。作為成人，有時我們會內化那些苛刻的語句，成為我們最大的批評。

即或我們嘗試「面面俱圓」，作一個可愛的太太、盡責的母親、繁忙的事業女性、細心的朋友、活潑的基督徒，但仍會被一種凡事仍做得不足的罪疚感所折磨。從外面上看來，我們也許很成功。但我們會因要向外界表現出「凡事盡在我掌握中」，而同時內心卻感到現實是「這一切我都做得不好」的矛盾而困惑。

相對而言，即使盡了我們最大的努力，也未能對世界投射「凡事盡在我掌握中」的形象，我們可能覺得受損。也許我們在抑鬱、憤怒或焦慮中覺得被擊倒。我們可能會想，**如果我能打倒這抑鬱症，我就能再次感到完全**。可是，我們的落空，使我們比之前更抑鬱。對其他人來說，這掙扎是更內藏的。雖然，我們未必要處理抑鬱症或虐待等問題，但我們仍然覺得自己不完全，與上帝與人皆有距離。

女性愈渴求經歷完全，就愈會經驗到氣餒。有時，我們似乎被許多內裏的力量包圍，叫我們看自己為不完全。有些力量是較明顯的，它們深植於歷史之中，令女人在政治和社交上皆被抑壓。有些是比較隱藏，乃由我們的原生家庭、父母親的教導、祖父母和兄弟姊妹的信息而來。有些與我們本性願意成為完全的心願相反，那就是社會文化帶出的信息。當我們打開電視，看見藉女性的胴體來售賣各樣的產品，由車子到啤酒到牛仔褲到香水——不是**女性**，是女性的胴體。這是個重要的分界，而且這已植根於我們的傳媒，致令我們已對此麻木。在廣告中，女性的胴體能被分拆為不同部分，我們只看到女生的嘴唇、臂部及胸部的性感照。女性的胴體並非女性的全部。當別人只留意女性的美貌和身段，而忽略了她們許多其他的才能和恩賜，就是分拆她們。這令所有女性（包括時裝模特兒和傳媒的消費者）以為，女性之所以重要，主要是源自性感的**部分**，而非她們**完整**的自我。

在教會中尋找完全

我們當中有些人，在媒體及流行文化中看到許多關於女性的負面信息，就會回到教會，以為是安全的天堂。一間完美的教會，能反照上帝的慈愛和願意與人建立關係的特性。就如聖父、聖子和聖靈是恆常彼此團契，教會亦是被召去反照那團契和愛心。而在那反照上帝的社羣中，教會為男性和女性提供一個醫治和重整的地方。在一個理想的基督賜力的社羣中，受傷的人可找到安慰，被拒絕和忽略的人可尋得接納與愛，而每個人的獨特恩賜皆得著接納，並用於服事基督和祂的國度。教會並不只是一座讓人可以前去的建築物，更是具有生命力的，可以改變和轉化——於被牧師稱為「破碎的羣體」中，去活出我們的召命和身分。我們被召是要與其他的信徒同走天路，在人生的每個範疇中憑上帝的恩典獨自經過，或與其他信徒共同追求。可是，教會充斥著不完美的人，就如你我一樣。我們這些破碎的人不一定可以時常在教會中給予或經歷到支持、友愛和尊重。結果，一個地方教會也可能會使人分裂。

撇除耶穌向女性傳道及與女性一起傳道，女性在今日教會的角色仍然頗有限。即使我們讀到早期教會有關女先知亞拿（路二36），使徒大比大（徒九36）和事業女性呂底亞（徒十六12～15），今日許多教會仍然不准許女性擔任領導的工作。吉勒特（Shirley Gillett）寫道：

> 教會和社會有關性別的教導，教我留下不可磨滅的疤痕。儘管許多關於女性的「不同」事工講論，都反對女性是「次一等」的。對我這小孩而言，誰對上帝至為重要，也是清楚不過的。那些指明男人該作所有講道、事奉及作所有決定的人，應該可以猜到女性會因而感到次一等。我記得我小時候曾在晚上獨自落淚，不明白為何上帝愛小男孩多一點。[2]

在冷漠無情的社會向教會尋求支持的一個女人，可能本身具有教導或領導恩賜，但為了投入教會的社羣，就不得不否認這些從上帝而來的恩賜。由於她自己從來沒思考過，所以甚至未必會留意到自己的恩賜。

女性從教會接收到的信息，不單是我們**不能**做些甚麼，也是透過教會為女性舉辦的一些社交活動和機會。許多教會開設婦女查經班或祈禱小組。但是，若我們仔細觀察這些特別為**社交**聯繫而作的活動，我們會發現這些活動總是偏重較女性化的，例如美術、手工藝、烹飪或母親節外遊。這些活動通常是由女性負責統籌，而很多女性也很享受舉辦這些活動；這是沒問題的。可是，就如傳媒會說女性的外貌就是她的價值，教會可能也會帶出類似的信息：女性的價值只在某類型的女性身上。那麼，那些喜歡打網球和釣魚的，但不會煮食和穿針的姊妹，該有些甚麼活動呢？那些中年失婚者、又或三十多歲但無兒無女的女性，她們會怎樣看教會的活動呢？成功的事業女性、人權主義者的恩賜如何在教會得到肯定和發揮？教會可以是一個既美妙又能安慰人的地方，我們被召相聚在教會生活中。然而，教會卻充滿破碎的人。有時候，我的教會也會有類似情況，支離破碎。

甚麼是完全？

到現時為止，我探究了一些我們未能經歷到完全的原因。當我們只有某部分被看重，例如外貌或性徵，又或者被教導要行為舉止看起來像一個真正的女人，我們就會覺得不夠完全。當我們內化並開始相信那些信息，就會不知不覺地落入這掙扎中。例如，當我在超級市場排隊時，望見娛樂雜誌封面，就不自覺地評論說，某某封面女星重了二十五磅，或暴瘦得骨瘦如柴。我這樣做，其實也是令這問題加劇。雜誌上這位女士是實實在在的一個人，她個人包含不同的特質，而當我只著重她某一項特質（例如是她的身體）時，我便沒有把她當成一個完全的女性看待。

把一個人當成一個「完全的女性」看待是甚麼意思？你和我又怎樣可以**成為**「完全」呢？就這個問題，要界定甚麼**不是**完全比較容易，要給完全下定義就較具挑戰性了。雖然一些與我談過的女士會說「完全」是類似完美，但是我在輔導中發現，那些不惜一切追求完美的人，最終也會承受破壞性的結果。例如，很多焦慮症也是由病態地追求完美而起。完美是把重點放在我們的表現和所做的事上，而完全則是包括我們整個全人。

就「完全」一詞，在我中學時用的字典裏，提供的其中一個解釋是「復原了的」或「得醫治的」，就像在「她再次是個完全的女人了」。[3] 如此理解的話，「完全」就是一個充滿希望的概念。如果「完全」是等同完美的話，那麼我們眾人都注定失敗。我們永遠無法單單透過意志或努力去經歷完全。我們盼望，即使我們的生活一塌糊塗，毫不完美，我們仍有一位救主，祂已經使我們完全。在基督裏，我們已經重生並且得醫治。而且，即使我們並不**感到**完全，「完全」這概念到底也不是關乎我們的感覺。那不是讓人釋然嗎？倘若我依靠感覺告訴我自己是否完全，那麼我的「完全」就會隨著每次的成敗而改變。然而，「完全」這概念並不是建基於我們的主觀感覺。反之，這「完全」是由我們在基督裏的盼望及身分所建立並完整的。事實上，即或我們的感覺叫我們不這樣相信，基督**已經**藉著與我們的關係使我們復原和醫治了我們——因此，祂已在我們存在的最根本位置，使我們完全。[4]「我們是誰」就**是**「我們在基督裏將會成為怎樣的」。即使當我與上帝的關係及追求不穩定，祂卻是不變和信實的；我可以在那真理裏安息。

我的字典為「完全」提供的另一個定義是「健康」。[5]根據這個定義，一個完全的女人，就是一個健康的女人，這與要達致完美成了強烈對比。我們可以改變飲食或生活方式，使身體更健康。同樣，也可以透過實際生活來改善精神健康。要成為完全並不是代表要成為一個完美主義者，而是代表我們可以**做**一些事。雖然我們的文化、家庭甚至教會未必常常認同或支持我們，但我們也不需要扮演受害者的角色。相反，基督已經在與我們的關係中使我們完全，這正正讓我們有力量，在自己和別人的生命中，作出改變。例如我們可以找方法打破思想或關係上的不良模式；我們可以不再過分注重自己或別人的外表，而忽略人格上的其他特點。簡言之，我們可以主動追求情緒上、關係上及靈性上的健康，相信「你們立志行事都是上帝在你們心裏運行，為要成就他的美意」（腓二13）。當耶穌醫治那癱子，叫他起來，拿他的褥子，回家去吧（路五 24）。耶穌作醫治的工，他也要呼召那人去接受這禮物，相信它，並且遵從。同樣，我們也被呼召，要相信並遵從上帝這份禮物——「完全」，並在基督裏已作成的醫治。耶穌提供方向，讓我們參與祂在我們生命中的工作，並且因而看見這「完全」在我們的生命中綻放更多的光芒。

將這兩個定義合起來，就可解釋到「完全」這概念的弔詭之處。成為完全是透過基督救贖的工作，以及一些尚未完成的東西。那是上帝給我們的禮物，有待我們接收。然而，我們仍然可以積極參與製作那份禮物。追求完全並不是一個可以憑己力達到目標的自助計劃，癱子並非透過意志或努力去醫治自己；另一方面，那亦不是我們可以通過滲透作用，被動地接收的東西；耶穌叫那癱子接受那禮物，起來行走。就像我們藉著恩典透過信心與上帝和好，我們同樣被召要**過**聖潔的生活。一個可以讓我們過聖潔生活的方法，就是追求希伯來先知所說的**平安**（shalom），「在聖經中，平安的意思是**普世繁茂、完全和喜樂**——那是一個豐足的狀態，自然的需要得到滿足，恩賜亦得以充分發展⋯⋯換句話說，平安就是事物本身應有的結局。」[6] 人類是按照上帝的形象所造，就應當健康、復原和得醫治。

這種**平安**，是當我們在上帝的國度裏熱切地及盡忠地過活，就能經歷到的。當我們對上帝以及祂美好的禮物表現得**熱切**，我們就能經歷那種完全。上帝已經透過祂救贖的工作使我們復原、醫治我們、使我們完全！而熱切地過活的意思，就是我們相信這基要的真理，並接受上帝恩典的禮物。而當我們**盡忠**而活，就扮演著一個主要的角色，要作上帝的好管家，照料好上帝所交付我們的。當我們得著從基督而來的能力，並深知自己是按上帝形象所造的孩子，就能在思想、行為和關係上，作出一些改變，從而邁向健康和完全。

完全與男性

如果完全是指熱切及盡忠地生活，那麼復原、醫治及健康，只是對女性說的麼？當然不是！雖然這本書是特別為女性寫，但追求完全是**人類**的共同希望，不是女性獨有。在這本書，我們會討論由負面的自我對話至痛苦情緒，由性別上至關係上的傷口。這些皆不是女性獨有的。舉例當我察驗到媒體那完美而不實際的影像，會影響一位女性的身體形象，我並不是暗示那**只會**發生在女性身上，而不會發生在男性身上。當我的丈夫唸高中時，他每年增高六寸，十六歲時，他已六尺六寸高，卻只有一百五十磅！無論他怎樣喝蛋白粉及做運動，他就是不能為骨架加些重量。如果你以為只有女性才擔心外型的話，你可以去健身室看看，問問自己為何那麼多男士在那裏做運動，嘗試減肥、增磅，或令體態更健美。

作為一個治療師，我擁有特權可以參與許多人的人生旅程——有男有女——而我們將在此書探討的範疇，並非女性獨有。雖然我打算專注探討女性在這些事上會有些甚麼獨特的掙扎，但我並非指男與女在心理上是相反。雖然你附近的書店已有很多探討兩性分別的書，甚至以日和夜（或火星和金星）來形容兩性，但是社會科學研究卻引領我們看另一個結論——事實上，我們並不是那麼不同。過往數十年的研究指出，兩性之間，其實只有很少的恆常差異，而男和女的相同之處，比不同之處為多。[7]

然而，單單因男女有較多相同之處，並不代表男女就**是**一樣，或用同樣方式經歷生命。我的大哥比我大九年，他曾半開玩笑地對我說，我們有不同的父母。這不是他的真正意思，我們是同父同母的兄妹。他的意思是，我作為四兄弟姐妹中最年幼的一個，我身處的世界，與他童年時所經歷的，已大有不同。同樣，男性和女性有時會覺得我們身處的世界是截然不同的。結果，男性和女性在處理一般的人類問題如自我價值和性，就會有分別。[8]在這本書，我們會集中火力研究女性**作為女性有**怎樣的掙扎，以及我們可以如何向前行，直至完全和健康。

旅程的藍圖：從這裏怎樣走？

在全書中，我會把重點放在成長上，其中包括期待及尋找方向去打破既有模式，改變現在或將來。可是，我也會集中討論在追求完全的道路上的醫治，那往往包括重整舊患，並相信上帝正把我們推至成長和醫治。

這書以上述為目標，共分為四部分。在第一部分「渴望完全」，我會討論我們有破碎感和渴望復原的原因。我們按上帝的形象被造，成為互有關係的，這個神學概念是我們追求完全的指引。在書中的第二部分「向內成長」，我會探討女性在精神、肉體、情緒、身分的缺欠中，一般有怎樣的感受。在書中的第三部分「向外成長」，我會察驗關係和性關係上的破碎，並我們可以如何透過與他人的生活和成長，達致完全。最後，我會以察驗在破碎中尋找完全的弔詭之處，作為這探討「完全」的章節的終結。

你也許會傾向相信，一本關於「成為完全」的書，在書的終結會教導你如何「盡在掌握中」，那裏有一切的答案，指示你如何完美地管理自己、思想、關係等。請你謹記，我並沒有在這書作出這樣的承諾！我作結的破碎測試並非「靈丹妙藥」，不能使你忽然達成願望，過快樂無憂的生活。相反，那是個真實情況的提示，讓我們找到自己。實情是，儘管我們有好的動機，我們還是弄得一團糟，或壞事總發生在我們或我們所愛的人身上。我們很容易以為完全就等同沒有破碎——但其實破碎是人的一部分。我們身處一個墮落的世界，事物都不按本性而行。「成為完全」的其中一部分條件，就是要接納那真相。當然，破碎並非故事的全部。

「完全」這概念是弔詭的。雖然耶穌的一生充滿苦難，但祂正正是解釋這概念的最好例子。真正的完全來自在基督的苦難中與祂聯合，並在其中得著醫治。上帝透過基督的工作修補我們的破碎。上帝的原意並不是要幫助我們避過痛苦，加添歡愉；相反，祂的意思是要我們在基督裏成長。因此，我會試驗我們如何可以恆常生活在基督裏，並跟從祂的榜樣，作為研究「完全」的終結。這讓我們自己的破碎幫助我們，真真正正地接觸到受傷的人。

在羣體中成長

就如我即將在第二章所討論的，上帝為著關係創造我們，而對於這書內討論的所有意念和建議，皆最好在穩定而有承擔的關係中去探索。最近，我教會的婦女小組看了這書的手稿。這小組的姊妹年紀不同（介乎二十多歲至六十多歲），有不同的職業，她們每週閱讀書中一至兩個章節，然後聚集一起討論。她們讀完這書後，我參與她們其中一次的聚會，讓她們給我一點回應，也告訴我有關她們的經歷。「請告訴你的讀者，這書是要在與他人的關係中閱讀的。」其中一個成員督促我。「若沒有在羣體中的體驗，這本書對我來說就不會有如此大的影響力。」小組中的姊妹談論到其他成員不同的經歷和角度，讓她們以嶄新的方向去思想和反省這裏提及的議題。

在這書的最後部分「在羣體中成長」，我提供了一個指引，讓你在這通往醫治和完全的旅程上，與小組、拍檔、導師、輔導員或信任的朋友一起依從。這書並不是要取代專業輔導，如有抑鬱、焦慮或虐待的情況出現，還是需要尋求專業協助。這裏所提及的意念，是為要打開話匣子，從而進入更深的關係中——而不是要取替關係。要和朋友或伴侶一同看一本這樣的書，實在叫人感到害怕甚至驚惶。就如我教會其中一個小組成員說：「我害怕與別人分享我痛苦的回憶和感受。」可是，當她開始明白，上帝如何為著關係而按祂的形象創造我們時，她說：「我開始意識到，上帝的醫治只有**在**一個羣體裏，並**透過**這個羣體才能發生。當我拒絕與別人分享這個歷程，其實就是不利於自己。」假如你願意讓上帝幫助你敞開自己，與別人在這旅程上同行，我衷心相信你會比獨自追求更有顯著的成長。

當關係處於美好的狀態時，就為我們生命中的事情帶來價值和意義。可是，關係同樣可以帶來使人失去能力和承受到永久的傷痛。身為一個臨牀心理學家，我相信我們絕大部分的情緒問題，皆是源於人際關係，或受其影響。結果，人際關係亦是最能醫治情緒上的傷痛。由於互有關係的個體是按上帝的形象被造，我們也是在與別人的關係中成長得最好。當我每逢週五跟與我彼此擔當的同伴吃早餐，談論驕傲和自私如何阻礙我們與上帝與人建立關係，我生命中的改變就由我與她的關係植根，並發展出來。若我不可以與信任的友伴交談，就未必會留意到自己的自私，也較容易忽略要仿傚基督的召命——要願意無私地作犧牲。關係正正是成長和改變發生的場景。

每當我在輔導中遇到女性，我往往會請她在下次會面之前，反思一些東西或問題。這樣，她就可以在離開我辦公室的一個星期內，繼續療程。這書的最後一個部分，並不單單是個學習指引。相反，那裏有許多我會詢問接受輔導的女性的問題，這些問題讓我們可以討論和反省，也可以作為話匣子，或作分享的導引，以及你個人在追求完全的道路上，提供一個框架。雖然這些問題可以用作個人默想或札記，但是它們的原意是讓人在安全可靠的關係中，彼此察驗。當你繼續讀往後的章節，你會發現某些地方可能對你而言特別合用。我的禱告是盼望你能與一個同伴或導師，開展這個在羣體中得醫治的旅程。這樣，你們可以互相交流，一同分享經歷，在想放棄時彼此鼓勵，堅持下去。

在羣體中閱讀這書，不單是讓別人去安慰你，也是要你打開心扉，讓上帝使用你，影響別的生命。小組裏一個姊妹在讀畢此書後發了個電郵給我，她這樣說：「我之前沒想過自己在其他組員的生命中所扮演的角色，也沒想過她們會影響我的生命。那部分的發現使我釋放，明白上帝呼召我作一個怎樣的女性，不單是**我**，**乃是羣體中的我**——就是給別人一個醫治和希望的地方。」

旅程上的鼓勵說話

我讀中學的時候開始跑步。單單這樣寫寫，已叫我感到快樂，那是因為：我從前**不是**一個跑手。事實上，我極討厭跑步，又一直都懼怕上體育課。後來，由於在我的生命中出現改變，於是我決定在我高中之年挑戰跑步。最終，我甚至跑過幾次路賽，那是因為我與一個曾為越野跑手的朋友練習。

練習的確是有幫助的，因為當我跑步時，我不知道我在做甚麼。基本上，我的思考流程是這樣的：**跑步就是跑步：只需把一隻腳放在另一隻腳前面。如果你能到達終點，已是個奇迹了。誰要理會你怎樣到達呢？**每當我到達終點，往往覺得是個奇迹時，我就發現我跑步的方法的確令我很難到達終點。我沒有喝足夠的飲料，我沒有正確地踏步，我忘記了呼吸，又或呼吸得太急促，我收緊肩膀和手臂的肌肉，我跑步時左搖右擺，我跑得很小步。結果，我很快就疲倦，持久力有限，跑步後就要忍受身體多處的肌肉酸痛。

可是，當我開始與友人練習跑步，我整個跑步經驗就得以轉化。他教導我改善我的步距，並數出我的呼吸。他建議我想像自己拿著一個小錢，使我不再握拳，或把雙手左搖右擺。這些都是令我很快疲倦的原因。現在，我往競步的時候，仍然能運用他教我的技巧。我的朋友不能代替我去跑步，而若我不願意下苦功的話，他也不能使我成為更好的跑手。但是，他給我工具，使我這旅程輕省及豐盛。

你也一樣，在這個旅程上，就單單只有你一個。沒有人能夠代替你跑。可是，我作為一個基督徒心理學家，可以提供一些提示、建議、活動或圖像，它們也許可以在你的旅程上幫助你。這書每個章節最後都有「旅程上的工具」一欄，這些「工具」有的來自個人經驗、有的來自研究和閱讀、其他是來自我輔導的練習。我也許可以提出一些建議，讓你檢視自己是否出現以下情況：在旅途上慢了下來，或者令自己精疲力竭，或經歷一些不需有的或不適當的傷痛。

然而，雖然我相信輔導的好處，但請你也不要期望看完這本書就會有某項心理學的技巧，能夠馬上醫治你。真正的完全只能在一個地方找到，那就是單單在基督裏。而上帝也願意用人的關心和智慧來幫助我們走這段路程。在我跑步的路程上，固然有我的友人在賽跑前陪我練跑，即使在賽事中，也有義工人員沿途為我送上我需用的水，又為我打氣。上帝透過祂的話語、透過禱告和敬拜對我們説話，祂也透過世人向我們説話——那就是我們旅程上的教練和啦啦隊。我盼望我能夠在你追求完全的路程上，稍稍為你擔當這兩個角色。

任何渴求完全和情緒上的醫治，又願意投入這個旅程的女性，都比她想像中更堅強。我在輔導中面見過的女性，都慣性地比她們想得更堅強。而我作輔導工作的部分喜樂，就是能與她們同行，見證她們發現自己內在的力量。當你開展這個旅程，就是勇於承認有些事情出了問題。你非常勇敢，願意作出改變。這是個容易受傷害的位置，但我輔導過的女性——而我相信正在看這書的你也一樣——也願意這樣做。你誠然是比你想像中更堅強。

註釋

1. Henri Nouwen, *The Wounded Healer* (New York, NY: Doubleday, 1972), 85.

2. Shirley Gillett, "No Church to Call Home," in *Women, Abuse, and the Bible*, ed. Catherine Clark Kroeger and James R. Beck (Grand Rapids, MI: Baker Books, 1996), 107.

3. *The American Heritage Dictionary*, 2nd ed., s.v. "whole".

4. 有關基督代表我們作中保的神學討論，可參閱 T. F. Torrance, *The Mediation of Christ* (Grand Rapids, MI: Eerdmans, 1983) 。

5. *The American Heritage Dictionary*, s.v. "whole".

6. Cornelius Plantinga Jr., *Not the Way It's Supposed to Be: A Breviary of Sin* (Grand Rapids, MI: Eerdmans, 1995), 10.

7. 見Mary Stewart Van Leeuwen, "What Do We Mean by 'Male-Female' Complementarity?" (Evangelical Theological Society, San Antonio, Tex。在二○○四年十一月的年議會中提出)。見網址：www.eastern.edu/academic/trad_undg/sas/depts/psychology/mvanleeu/；Mary Stewart Van Leeuwen, *Gender & Grace: Love, Work and Parenting in a Changing World* (Downers Grove, IL: InterVarsity Press, 1990)，特別是第三章，或 M. Gay Hubbard, *Women: The Misunderstood Majority* (Dallas, TX: Word, 1992)。

8. 亦可參閱 Hubbard, *Women*。

2

在我們的真實身分中尋找完全

按上帝的形象被造而在關係中的個體

在我們痛苦症狀的骯髒帷幕背後，藏著一些偉大的東西：
祂的容貌，我們就是按此被造的。

盧雲
《負傷的治療者》(*The Wounded Healer*)

你有驚人的存在意義和價值。你是特別且獨一無二的。這聽起來是否像你鄰近小書局的書架上，其中一本令人「感覺良好」的自助書籍的引言？在一本針對女性自我價值的暢銷書籍中，讀者被警告不要嘗試從工作或母親職分等各種關係中尋找價值。反之，「我們要相信我們的生命蘊含內在意義，而這些意義並不需要由他人或任何外在因素所確認」。[1] 女性確實需要停止純粹從各種活動和成就中尋找價值。可是，我們可從哪裏找到「內在意義」呢？基本的存在、生存、呼吸是否就能令我們有價值呢？身為基督徒，對這問題的答案當然是肯定的！

莉蓮(Lillian)是我曾輔導過的一個四十二歲的女士，她在一個保守的基督教家庭中成長。在她童年時，教會總是教導說，我們自出娘胎便是充滿罪惡的生物。

無論莉蓮在她所籌辦的義工活動中擔任過多少次主日學導師，她仍然不斷被一種內疚感纏繞。她解釋說自己總可做得更多。如果莉蓮在教會或社區的工作得到別人肯定，她會妄自菲薄，貶低自己的功勞。有時，一個會友或朋友稱讚莉蓮的性格，例如是她的仁慈或慷慨，她覺得單單聽到了這些肯定已犯了罪。她告訴我：「我並不想變得驕傲。」因著她童年時所受過的教導，原罪性已被植入她的思想。她對自己的缺點相當了解。可是，莉蓮卻較少注意到自己的優點。

莉蓮的老師和父母教導她，指她是一個墮落的傢伙，他們絕對正確——我們全都有罪。然而，過於著重我們的罪性，就如觀看一齣電影的續集，卻從沒看過它的首集。在罪進入世界之先，上帝已按自己的形象創造了人類。我們**是**墮落的人，而這種狀態使我們有著無數的問題，但我們**仍然**是按上帝的形象被造。不僅如此，我們可以透過耶穌基督的位格（person），再次被建立、醫治和成為完全。莉蓮與我們所有人一樣都有罪。然而，她亦是一個按上帝自己的形象所造，並透過基督的救贖工作被建立和更新的好女子。

在本章中，我要潛入神學和聖經真理中，這些真理將為我們追求完全的旅程奠定基礎。對此，我們之後將探討 *imago Dei*（拉丁文的意思就是「上帝的形象」）的神學意義，我們是按上帝的形象被造成完全，以及上帝把我們緊緊地扣在各種關係中，使我們得以從這些關係中，並透過這些關係找到自我。此外，我將探討耶穌在祂的生命中如何呈現以上所述的，以及「上帝的形象」的神學藍圖對我們的旅程有何啟示。上帝的形象就是我們是怎樣的人——就是我們追求完全的旅程開始；上帝的形象也是我們將要變成的樣式——就是我們追求完全的旅程，引領我們到將要到之處。

在上帝的形象中成為完全……在基督裏得以建立

> 上帝說：「我們要照著我們的形像、按著我們的樣式造人，使他們管理海裏的魚、空中的鳥、地上的牲畜，和全地，並地上所爬的一切昆蟲。」上帝就照著自己的形像造人，乃是照著他的形像造男造女。（創一 26～27）

我們各人均已按上帝自己的形象和樣式被建構和塑造。[2] 我們不是一部分按上帝的形象被造，而是整個人。一些神學家已強調按上帝的形象被造所包含的某些意義，例如我們能辨別是非，並擁有道德良知。儘管這些是按上帝的形象被造的重要元素——僅只是元素。我們的全人和自我乃是按上帝的形象被造，我們每個人之中的各方面都能和諧共融，當中包括個人的最深層與最表層（我們的靈魂與身體）之間的關係。這意味著**上帝使我們完全**。雖然我們是墮落並有缺憾的創造物，但我們被造成完全，而基督透過祂的救贖堅立我們的完全。

可是，就如第一章所述，由於先祖墮落，我們常常感到不完全。舉例說，莉蓮嘗試以服事教會和家庭，來填補那錐心的空虛感，她告訴我：「我為丈夫和孩子做的，好像永遠都不夠，我一直認為，下一件我做的事情，會讓我感到自己算是個稱職的妻子或母親，而那就能讓我感到完全。但無論我做甚麼，那永遠是不夠的。」我們很多人都像莉蓮一樣，感覺不到完全。換言之，我們經驗不到平安。

正當平安是「完全」這概念的縮影，以及人類與上帝及其創造處於和諧共融的狀態，罪就是那破壞或打破這平安的元兇。[3] 因為罪，我們的關係被扭曲、甚至已變形——從身體和精神之間的內在關係，至夫婦或親子間的人際關係，到更廣泛的種族和民族、人類和自然之間的關係。罪的影響力在我們世界的各個角落都能感受到。儘管罪仍存在，我們仍是按上帝的形象所造，成為和諧共融的完全人。換句話說，我們乃是為平安而造的。由於（我們或他人的）罪的緣故，我們並不能常常在生活中經歷完全，或幫助其他人在生活中經歷完全。然而，上帝已恩慈地保守及維繫祂創造的原意：讓我們可反照上帝獨特的生命和品格。

我們破壞了這平安。我們有時會被感覺誤導，令我們絕望。但耶穌卻給予我們一個令人難以置信的希望，就是上帝在我們身上所成就的完全，乃藉基督在我們裏面維繫和建立。就如神學家詹姆斯．杜倫斯（James Torrance）寫道，「我們在上帝裏面和藉著祂，在上帝的形象中被聖靈更新。」[4] 祂已透過祂救贖的工作，在我們裏面修復那完全。莉蓮在追求完全的路上，嘗試透過短速的活動令自己完全，結果反令她筋竭力疲。耶穌柔聲地呼喚莉蓮和我們與祂連合，引導我們放棄以往那些無法令自己完全的方法。反之，我們可以在祂在我們身上所完成的工作得到安息。耶穌邀請我們，說：「凡勞苦擔重擔的人可以到我這裏來，我就使你們得安息。我心裏柔和謙卑，你們當負我的軛，學我的樣式；這樣，你們心裏就必得享安息。」（太十一 28 ～ 29）

在關係中的個體

作為按照上帝形象所造的人，我們已經是完全的。可是，這並不代表我們就要靠自己的能力過活。但是，你可能會問，**完全**不是代表我們自己本身裏裏外外就是完滿的嗎？與此想法形成鮮明對比的，是基督教的「完全」並非個別的，而是通過羣體達致的——先與上帝，然後與其他人。我們接收和經驗完全或平安的方法，是要在與上帝及與人之間的關係中發生。

由於上帝是看重內在關係的個體，祂造我們時也是如此，「作為人類就是要與別人有關係。」[5] 上帝說：「讓**我們**按**我們的**形象造人」，而不是「讓**我**按**我的**形象造人」。上帝，在三位一體的聖父、聖子和聖靈之中，不斷地與自己團契。就如葛倫斯（Stanley Grenz）寫道：「三位一體的三名成員是『位格』，正是因為他們是關係中的位格（persons-in-relationship）。」[6] 同樣，我們是人，因為我們是在關係中的個體。換句話說，因為我們在關係之中（例如與上帝、家人、朋友、弟兄姊妹及鄰居），這關係並不只是額外的或可有可無的東西。相反，在關係以外，並沒有「我」（"me"）。問題是，我們在關係中**會怎樣**，而不是我們**會否在**關係中。因此，關係並不只是生命中的美事，乃是我們生命中的必需品。

其中一個認識我們在關係中的身分的方法，就是縱橫軸的相互關係。[7]

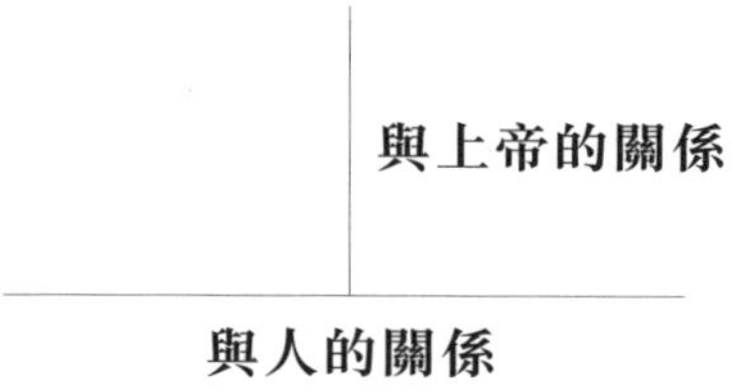

與上帝的關係

與人的關係

我們受造，原是為要與上帝建立關係。這就是我們生命中的縱軸，也是建立所有其他關係的根基。由於罪惡的緣故，那縱向關係是靠基督的救贖工作，「我們生活、動作、存留，都在乎他」（徒十七28）。在我們與上帝的關係中，我們既認識到上帝是誰，也發現自己是誰。因為只有與我們的創造者和救贖主建立關係，我們才可以知道祂創造了我們成為怎樣的人。「在我們與上帝的關係中，我們不但遇見活生生的上帝，也成為完完全全的自己。」[8]

成為父母之後，我以新的方式發現上帝及自己。正如我在等待我的兒子出生，並開始思考和感覺更像是一個母親時，我更了解到（或仍很膚淺）上帝對我們的愛。同時，我發現自己的愛竟超出自己所知道的。通過我與上帝的關係，以及祂賜給我的兒子，我更加認識上帝，也更知道祂要我成為怎樣的人。

上帝創造我們每一個，成為獨特的個體，有恩賜、潛能、能力、喜好、才華。祂賜這些恩賜給我們，是有特別的目的，讓我們與上帝與人有合宜的關係。我們如何使用這些恩賜，就可反映出事實的本相——究竟我們是否在基督裏。莉蓮是個按照上帝形象所造的獨特女子，廣受家人和朋友的尊重。然而她卻看不見自己的恩賜。更甚的是，她有許多潛能都未得到發揮。舉例說，她讓丈夫在婚姻中作大多數的決定——由買房子到看電影。莉蓮具有智慧和能力去作決定和分享自己的意見，可是，她沒有運用這些恩賜，這些恩賜就仍舊沉睡、隱藏和未及發展。當我們忽略或誤用上帝給我們的恩賜，又或未能發現上帝造我們的心意，我們所反照的上帝的形象是模糊不清的，甚至是扭曲的。

我們被造，不僅是為了與上帝建立關係，也為著與他人建立關係。這是我們生命中的橫軸，從我們與上帝的垂直關係而起，藉著基督進行調解。我們的文化主張獨立自主，鼓吹個人化，但上帝造我們卻是在羣體中生活。神學家巴特（Karl Barth）指出，上帝不單創造了人類，也開始了人倫關係，「當上帝創造了男人和女人，祂也開展他們的關係，並使他們走在一起」。[9] 作為在關係中的個體，我們在關係的氛圍之中，發現他人和自己。

例如，在我和我的親密女友人的關係中，我經常在認識她的性格和個性、興趣和能力的同時，也通過我們的關係認識自己。透過她的眼睛，我更能看到自己的強處和弱項。

能反映上帝形象的關係的特點是自由——可以自由作自己，也可以讓別人作他們自己。由於罪已扭轉和歪曲這關係上的需要，我們往往會在關係中失去自己。莉蓮想不惜一切讓其他人快樂，就常常為了維繫關係而忽視自己的想法和感受。在婚姻的初期，莉蓮已慣於把所有決定都交給她丈夫。她會做盡一切，去讓其他人愉快，而不會跟她的丈夫或朋友表達自己。她為了維繫關係，就在當中失去了自己獨特的身分。能夠反照上帝性情的親密關係，應當可保留及保護我們的個別性和不同，而不是扼殺或忽略它們。

與莉蓮相反，有時我們不讓別人在關係中有做自己的自由。例如，我外向好動，喜歡派對，結識新朋友。而另一邊廂，我的丈夫傾向平靜和放鬆。他僅在必要時才去派對，因為他更喜歡個別去了解一個人，而不是在一大羣中。雖然我知道並愛我丈夫這一點，但我對待他的方式，並不常常能照顧到這差異。當我們驅車從派對回家時，我批評他不夠「社交性」。我沒有給他做自己的自由——一個獨特的人，有上帝的形象以及特別的恩賜、能力和特點。要成為一個在關係中的人，就是「要有空間——在羣體中給予別人」。[10] 典型能反照上帝屬性的真正關係，是在分歧中見合一。上帝創造我的丈夫和我有許多不同，當我沒有給他適度的空間做自己，就是沒有尊重上帝所造的不同。

就如自助書籍所說，我們**是**獨特的！但我們的存在價值並非在於憑自己的努力所帶來的內在美善。反之，我們的存在意義紮根於我們作為上帝兒女、並按祂形象被造的身分。更重要的是，只有通過與他人——與上帝或與其他人——之間的關係，我們才得以知道和明白自己的存在價值和獨特之處。在各種關係當中，我們得以發現上帝、他人和自己。上帝的心意是要我們**成為**及**成就**過於我們本身能力所及的，期間上帝會在我們與祂和他人的關係中，並透過這些關係去幫助我們達成這目標。從這角度看，上帝的形象「就是人生的指向。我們並非單單擁有這形象便算，乃是要從人生所經歷的不同關係中體現出來」。[11] 透過我們與上帝和他人的關係，我們得以改變和轉化。這就是此書設計成針對在羣體中閱讀和反省的目的。關係並非純粹屬個人選擇，反之，它是我們追求完全和得醫治的必經之路。

最近，我帶著一羣學生到海外交流。一天晚上，我們八個人擠在其中一個學生在酒店中的小小房間裏，促膝談心到天明。當各個青年男女在那個房間裏分享他們的故事時——當中有羞恥，也有內疚——我深深感到上帝與我們同在。當每個學生都分別傾心吐意，房內的男男女女在**細心**傾聽。從說出來和沒有說出來的（笑話、責備、批評、輕拍回應），都在在看到真誠的關愛。我看到房間內的男男女女，皆會因他人所受過的絞心傷痛而感動落淚。那晚過後，我對如何在生活中實踐上帝的愛和恩典有一個全新的體會，而我也不孤單。在餘下的旅程中，那些學生常常回味那晚。倘若我和學生彼此不是建立了關係的話，**就無法經歷那晚三時在房間內的成長**。這不是代表我們就變得依賴，或纏人，以至在那些關係中失去自我獨特的身分，而是代表我們已透過那些關係改變、成長、及得醫治。

豐富上帝的形象：耶穌

到目前為止，我已經寫了很多關於一個振奮人心的神學概念——上帝的形象，也許你想知道那真正**看起來**是怎樣的。當我批改學生的論文，我有時會在他們嘗試解釋的複雜概念旁寫「詳述之！」。當我們有實際的例子或示範，就更容易回應、聯繫和明白事物。感恩的是，上帝已經為我們提供了完美的生活例子，讓我們明白如何忠實地反映上帝的形象（祂在多樣性中的一致，祂與上帝與人的合一）。這個例子是在耶穌基督這位格中。

活在羣體中是甚麼意思呢？在耶穌裏我們就能找到完美的例子。通過道成肉身，耶穌既是完全的神，亦是完全的人。祂和上帝是一體，與人也是合一。由於我們與基督連合，就能夠與上帝和其他信徒合而為一。上帝呼召我們與其他信徒——不僅是我們的家人和朋友——一起在羣體中生活。基督是教會的根基，應該有一塊牌子寫著「不只是在創造時按上帝的心意，也在日後發展的變幻中有永恆三一上帝的同在」。[12] 因此，教會應該是一個羣體，我們共同反照上帝的聖潔、愛、重視關係的特質。

我們縱然有罪，耶穌是無罪的；我們縱然失信，耶穌是信實的；我們縱然會造成傷害，耶穌卻要醫治人。罪已使我們的世界墮落、扭曲——它已使**我們**墮落、扭曲。然而，耶穌來，為要取去世上的罪，扭轉先祖墮落的影響。這是基督救贖的工作，「他為我們捨了自己，要贖我們脱離一**切**罪惡」(多二 14，粗體字為作者所強調的)。雖然罪是「一條寄生蟲、一個破壞者、是被寵壞了的」，[13] 但基督建立和更新我們的每一個部分。耶穌帶來了好消息，我們都再次成為完全，透過基督的工作，我們與上帝的關係得以建立，與人的關係亦已得著一個全新的根基。最後，耶穌帶來了希望，希望我們可以真正知道上帝，也認識自己真正的身分——按照上帝形象所造的身分。

因著基督的救贖工作，「完全」並不是我們可以憑自己努力取得的東西。相反，「完全」是一份禮物，乃是透過基督的犧牲而獲得的。即使當我們有罪，基督救贖我們，「然而，上帝既有豐富的憐憫，因他愛我們的大愛，當我們死在過犯中的時候，便叫我們與基督一同活過來。你們得救是本乎恩」(弗二 4～5)。我們得救乃本乎恩典，我們也靠恩典**成長**、**得醫治**、**成為成熟**。耶穌介入我們與上帝的生活中每一個部分——不僅是我們決志回轉的經歷。這不配受的祝福是我們可以在現有的旅程上**休息**，知道我們無法靠自己到「那裏」，也知道「完全」和「醫治」並不是我們可以靠努力得到的。反之，當我們與基督同死同復活，在祂的受苦和犧牲中，就能經驗到祂的完全。

我們就像剛學走路的小孩，執住父母的手蹣跚而行。[14] 在生活中作**回應**，我們只需抓住這手，接受上帝的恩典，以及那藉著基督在我身上已作成的工。而要**負責任地**生活，我們就要一步一步、搖搖晃晃地走。我們要持定上帝召我們得的生命（提前六 12）。當我們繼續蹣跚而行，就會在我們救贖主的膀臂中找到信心，知道「那在你們心裏動了善工的，必成全這工，直到耶穌基督的日子」（腓一 6）。

成為及成就

在我們旅程的起初，已設有這根本的真理：**上帝的形象正反映著我們是怎樣的人**。上帝的形象是最先及最重要的一個結構；它是我們自我和本質的核心。身為人類就是要具有上帝的形象。無論你的外表、才幹、關係和工作等等怎樣，你**是**有內在的意義和存在價值的。你是按上帝的形象而造，是有關係的個體，有內在的意義和存在價值。這句格言（或者是一張汽車貼紙？）指出，「上帝造了你，祂從不犯錯」，這是真的。在上帝的形象裏，你被造成為一個獨特和完全的人，「我們每個人皆是獨一無二的，是盛載上帝形象的獨特器皿，也能反照祂的榮耀」。[15] 你的思想、身體和靈性合起來，就能反照上帝和學效祂。魯益師（C. S. Lewis）這樣說：「祂使每一個心靈皆是獨特的。如果這些差異是沒有用處的，我就看不出祂為何要做多過一個心靈。」[16] 上帝在先祖墮落中保守了我們，帶領我們經過，祂在我們身上的心意仍然生效——成為反照上帝慈愛及看重關係的心腸，這乃是在基督裏彰顯的。上帝所創造和救贖的，罪是無法拆毀的。

在旅程的終點，有另一個根本的真理，邀請和鼓勵我們繼續前進：**上帝的形象就是我們將會成為怎樣**。聖經告訴我們「行事為人就當與蒙召的恩相稱」（弗四 1）。上帝的形象不僅是一個結構，它也是一種**呼召**。由於我們是破碎和墮落的生物，我們不能完美地反照上帝。可是，我們卻是連於基督。「耶穌基督是我們對上帝的人性回應。因此，我們在上帝面前，被祂接納，乃因祂看我們為與耶穌基督緊密連合的。」[17] 而基督徒的任務，就是參與基督持續的生命和事工，基督就是「那不能看見之上帝的像」（西一 15）。作為一個結構，上帝的形象是一個名詞；作為一個呼召，上帝的形象可理解為一個動詞。例如，何克馬（Anthony Hoekema）寫道：「我們不再能反照上帝，縱然那是我們應該做的，我們現在得著聖靈加力，充充足足的更像上帝的**形象**；有一天我們會完完全全的有上帝的**形象**。」[18] 上帝的形象不單關乎我們是誰，也是指我們將要成為怎樣。

人類正在追求另一種東西——或另一個人。上帝在預備我們成為祂的新娘，叫我們成長及改變我們。「我們如今彷彿對著鏡子觀看，模糊不清」。使徒保羅寫道，「到那時就要面對面了。我如今所知道的有限，到那時就全知道，如同主知道我一樣。」（林前十三 12）上帝的國既是現存的，也是尚未成就的。作為在上帝的形象中被造的而又有關係的個體，上帝全然知道我們。然而，有一天，我們要與上帝面對面相見。到那日，我們最終會有能力去完全認識上帝和他人。上帝現在呼召我們，在祂藉基督叫我們成長之時，過一個願意回應和負責任的生活。

其中一個我用來思想這複雜的神學概念的方法，就是想想我作母親的角色。當我有了兒子，就成為了母親。作一個母親，就是**我的身分**；這是一個結構。在這生中，無論我或我的兒子遭遇到任何事，我也是一個母親。沒有人可以改變，或奪走這身分。同時，我也繼續在自我空間內成長，做一個好的母親。兒子出生時，我並不是立即知道該如何教養小孩。我在不斷學習——從錯誤中、從其他母親、從關於教養孩子的書、從我與上帝的關係、也從閱讀祂的話語。綜合而言，成為一個母親就是**我將要成為的身分**；這是一個呼召。我已是一個母親，但我仍然在我的潛能以內持續長大，學習成為一個好的母親，就是我兒子所需要的母親。

同樣，我已按上帝的形象被造；這是我的核心身分，沒有人可以改變。我**是**帶著上帝的形象——那是何等奇妙啊！與此同時，我亦在自己的能力之中繼續成長，領受上帝的恩典，以致更加有祂的形象，而不是有世界的形象。這樣，當我學習與基督連合，與祂同死同復活，我**就漸漸**具有基督的形象。

我們是按上帝的形象被造。因此，我們有內在的意義和存在價值。在這本書裏，我們將探討**我們的身分**，我們作為女性的身分，並我們已在自我的各方面得以完全和合一：意念和肉體、情緒和自我意識、關係與性。可是，我們許多人都在自我的眾多方面，感到受傷害。因此，在我們追尋完全的同時，也會察驗**自己成為怎樣的人**。基督已作成祂的工作，使我們完全。我們是誰，**就正是**我們在基督裏要成為怎樣的人。透過與祂的聯合，我們豐豐富富地領受祂的完全。當我們願意回應及負責任地生活時，「完全」就在我們的生活和關係中彰顯。

註釋

1. Linda Tschirhart Sanford and Mary Ellen Donovan, *Women and Self-Esteem: Understanding and Improving the Way We Think and Feel About Ourselves* (New York, NY: Penguin Books, 1985), 348.
2. 有關上帝的形象的延伸閱讀，可參閱 Anthony A. Hoekema, *Created in God's Image* (Grand Rapids, MI: Eerdmans, 1986)；Stanley Grenz, *The Social God and the Relational Self: A Trinitarian Theology of the Imago Dei* (Louisville, KY: Westminster John Knox Press, 2001)，特別是書中的第五章；Jack O. Balswick, Pamela Ebstyne King and Kevin S. Reimer, *The Reciprocating Self* (Downers Grove, IL: InterVarsity Press, 2005)；Karl Barth, *Church Dogmatics* 3/2, trans. H. Knight, G. W. Bromiley, J. K. S. Reid and R. H. Fuller (Edinburgh: T & T Clark, 1960)；Colin E. Gunton, *The*

Promise of Trinitarian Theology (Edinburgh: T & T Clark, 1991)。

3. Cornelius Plantinga Jr., *Not the Way It's Supposed to Be: A Breviary of Sin* (Grand Rapids, MI: Eerdmans, 1995), 14.
4. James Torrance, *Worship, Community & the Triune God of Grace* (Downers Grove, IL: InterVarsity Press, 1996), 14.
5. Balswick, King and Reimer, *Reciprocating Self*, 36.
6. Grenz, *The Social God and the Relational Self*, 332.
7. Gunton, *The Promise of Trinitarian Theology*, 116.
8. Balswick, King and Reimer, *Reciprocating Self*, 39.
9. Barth, *Church Dogmatics* 3/2, 291.
10. Gunton, *The Promise of Trinitarian Theology*, 117.
11. Gunton, *The Promise of Trinitarian Theology*,119.
12. Grenz, *The Social God and the Relational Self*, 336.
13. Plantinga Jr., *Not the Way It's Supposed to Be*, 199.
14. T. F. Torrance, *The Mediation of Christ* (Grand Rapids, MI: Eerdmans, 1983), 93.
15. Cornelius Plantinga Jr., *Engaging God's World: A Christian Vision of Faith, Learning, and Living* (Grand Rapids, MI: Eerdmans, 2002), 40.
16. C. S. Lewis, *The Problem of Pain* (New York, NY: Macmillian, 1962), 147.
17. T. F. Torrance, *The Mediation of Christ*, 90.
18. Hoekema, *Created in God's Image*, 28.

第二部

向內成長

3

學習使用你的聲音

從女孩時期的負面信息康復過來

哈維爾上校（Captain Harville）：「我想我一生中
從未打開過一本書，是沒提及女性的喜怒無常的。
許多歌曲和諺語都有提到女性的變幻莫測。
可能你會說，這些全都是男性寫的。」
安娜（Anne）：「可能我會這樣說。倘若你喜歡的話，
就這樣吧，沒錯，不用引經據典了。男性比我們女性
更有各樣的優勢，去訴說自己的故事。他們接受高等教育；
而且筆桿也在他們手中。我卻不會讓書本去證實任何事。」

奧斯汀（Jane Austen）
《勸導》（*Persuasion*）

在一九九七年的一齣電影《貓屎先生》（*As Good as It Gets*）中，一個輕浮的接待員問梅爾文（Melvin，由積．尼高遜〔Jack Nicholson〕飾演），為何他如此善於描寫女性。梅爾文回應說：「我只是想著一個男性，然後把理性取去就是了。」不幸地，梅爾文這對女性思維的想法，就正正是我們經常在媒體中接收到的。舉例，在恐怖片

中，當一個女子被一個蹣跚而奸詐的殺手追殺時，她必然會往哪走呢？可以預測到，她通常會選擇一條最差的路，就是跑上樓梯。那樣，她令自己無處可逃，以致走上絕路。這情節隱藏著甚麼信息呢？就是女性都是愚蠢的，而倘若她們的不智抉擇令她們陷入麻煩，那就是她們自己的問題了。又或者，我們也在愛情片或戲劇中看過，女性似乎常常身陷險境，然後需要一個英明神武的男性來拯救她。

然而，傳媒卻並非首先傳遞這些關於女性判斷能力的信息。我們可從很多途徑接收關於女性判斷能力的信息，包括從父母、老師、教科書、文學、音樂及同輩等各方面，這些皆遠在成年之前發生。在這一章，我們會探討，我們在女孩時期，如何學習得知女性的價值不是在於她的智慧，乃是在於她的外表，以及取悅他人的能力。結果，許多女性的思想和聲音在女孩時期就沉靜下來了。我亦會察驗不同方法去開始使用這失去了的聲音，因我們被造的意念是值得聆聽的。當我們使用它去促進與上帝、與人的真正關係，就可更準確地反照上帝的形象。

我們在學校學到甚麼

美國大學女性協會（The American Association of University Women〔AAUW〕）在他們名為「學校如何欺騙女生」的研究中，記載一些女生接收到的關於她們理性分析能力的信息，以及這些信息的影響。透過課室錄像分析和全國的調查（調查訪問了三千個介乎九至十五歲的男生和女生），我們發現了令人不安的信息，那是關於女生在學校看到、讀到和聽到甚麼。[1] 在美國大學女性協會的報告中顯示，當女生在學校逐漸升班，她們在統測中的成績會愈來愈差，而她們在數理方面的興趣和表現也每況愈下。相比於男生，女生更輕易說自己不夠聰明去達到自己的夢想。雖然男生和女生在青少年初期也會感到自卑，但女生的自卑感更加嚴重，而且更無法再追上男生。

歐倫史坦（Peggy Orenstein）在她的《高中女生》（*School Girls*）一書中，反映出這研究令人困擾的結果：

> 結果印證了一件許多女性已經清楚不過的事實。對一個女孩而言，進入青春期不僅是首次月事，或一些新的曲線。青春期更是表現於她對自己及自己的能力（尤其是數理方面）失去信心。它更是表現於一個對她身體尖酸刻薄的評語，以及愈來愈覺得自己不足。[2]

為甚麼進入青春期對女孩而言是個創傷呢？看看以下美國大學女性協會報告的發現：

- 男孩比女孩有多五倍時間得到老師的注意，而在班中說話的機會，又比女孩多十二倍。
- 男孩在班中獲得更多的注意，較女孩有更多機會被問問題，而被問的問題也較深奧。

- 男孩往往因學業而獲得肯定，而女孩往往因行為或衣著而獲得肯定。相反亦然：男孩往往是因為他的行為而受批評，女孩一般是因為她的學業而受批評。

在美國大學女性協會研究報告過後好幾年，許多女大學生告訴我，她們的學校經驗已經與報告所述的很不一樣了。然而，在我任教的大學的學生滿意指數報告中，雖然女生在學業上恆常保持高分數，但她們仍經常覺得自己比男生遜色。

再者，就那些給男生和女生的閱讀資料中：

- 教科書中八成半的插圖也是男孩。
- 男孩和女孩在學校看的故事書中，男孩作主角的比女孩作主角的多三倍。
- 讀男性人物傳記的學生比讀女性人物傳記多六倍。

在少女時期，我們已知道，我們的價值並不在於思考能力、判斷能力或決策能力。與研究中那些在衣著和好行為上被稱許的女性一樣，我們認識到，我們的價值在於外貌和取悅別人的能力。

近期的許多書籍中，例如是派佛的《拯救奧菲利亞》都有記載這段在少女時期的痛苦歷程。在這段期間，女孩的智商下降，以往自信和充滿活力的，卻變得自貶和對自己苛刻，而樂觀和好奇心也轉化成恐懼和抑鬱。派佛指出，女孩在孩童時期，往往會在不同的事項上獲得重視。可是，隨著她們進入青春期，她們基本上只是在外貌和受歡迎程度上得到接納和取得重視。

當我回想我的青少年時代，一些記憶猶新的事情，就正正是關於外貌和受歡迎程度的。當我還在第七班時，我正準備在十三歲生日那天，首次舉辦一個有男有女的生日會。我們裝飾好地牢，買了零食，弄好了蛋糕。然後，這就開始了我的傷痛：在派對前一晚，我得知另一個女孩在同一晚會舉行派對。這女孩人緣極好，而當友人們開始告訴我他們不能來時，我感到非常糟糕。然後，最差的事情終於發生了！六時到了、過了。最終，學校的一個女同學和教會的一對夫婦來了。而最令我傷心的是，我發現自己寧願那女同學沒來。為甚麼會這樣？因為我知道其他同學會因她而知道我的派對失敗了。如果她沒來，也許我還可以假裝一下派對成功舉行了。派佛認為，女孩經常作類似的「假裝」，是因為她們能在社會中得到回報的機會實在太少：

> 女孩成為了「女性演員」，把她們整個人，硬塞入又小又擠的空間內。充滿活力又自信的女孩，變成又害羞、又戰戰兢兢的少女。女孩不再去想，「我是誰？我想要甚麼？」而是開始去想，「我要怎樣做才能取悅別人？」[3]

莉莉（Lily）是小說《蜂蜜罐上的聖瑪利》（*The Secret Life of Bees*；又名《蜜蜂的祕密生活》）中的十四

歲小英雌，她這樣說：「我很擔心自己的外貌，不知道自己所做的是否正確。有一半的時間我都覺得自己似乎在扮演另一個人，而不是表現真正的自己。」[4] 青春期的時候，女孩真正的自我和聲音常常被抑壓，正正就是因為要取悅別人，或滿足文化社會對女孩或女士的期望。

成為我們自己生活中的英雌

作為成年女性，我們是在青春期的另一端。實際上是哪裏呢？舉例說，如果我們在女孩時代已學到，男性往往是教科書、故事和課堂討論中的英雄。那麼，要從那觀念中糾正過來，並且要作自己生命中的英雌，誠然是一個挑戰。我們在青春期約束自己，令自己成為「女性演員」來取悅別人及獲得接納。成年後，那些討好別人和自我抑制的傾向，並不會奇迹般消失。派佛對此兩難局面表示哀傷：

> 倘若沒有協助的話，失去完全、自信和自我方向的情況，會一直延展至成人。許多成年的受助者都為著那些在青春期困擾她們的事掙扎⋯⋯更加令人覺得可悲的是，有些女士甚至連這種掙扎也沒有，她們已忘記自己也有值得捍衛的自我。[5]

我們沒有批評這對自我有許多負面信息的文化，反倒繼續啞忍，隱藏真正的自我。我們沒有確認或擁抱這獨特的自我，這份上帝賜給我們的禮物，而其中也有上帝的形象。當我們這樣閉口不言，就阻礙了自己發展真正的關係。

我們在少女時期接收了一些負面的文化信息，與此相反的，是真正的真理，是上帝的真理。這真理是我們被造成為有思想的人。作為有上帝形象的女子，並被基督的愛所救贖，這就是我們的身分：能思考理性的關係、預視未來、解決問題、做決定、溫柔地說理和能夠明辨是非。我們的意念是上帝的恩賜。我們當中有些人低估了或忽略了自己的意念，那很可能是因為父母、師長、同輩或其他文化給我們一些令人沮喪的信息所引致。我們當中的另一些人，可能已專注在自己的意念上，甚至過於著重自己的聰明才智。我們有些或許會刻意去拆解文化對女性的偏見，可是在過程中，我們未必從身邊的男男女女得到許多的支持和肯定。

耶穌有著上帝完美的形象，而在祂裏面，我們也能找到一個好榜樣，學習如何透過我們的意念和聲音去反照上帝。上帝創造我們，乃為自我的融和及合一，我們無須忽視或誇大我們的意念（或我們的其他部分）。換句話說，上帝想要的，是完全的女性，而不是沒有頭的身體，或沒有身體的頭。在基督身上，我們看見一個人，祂認識自己，懂得如何運用自己的聲音去建立真正的關係和講論真理，即使有時會令其他人（例如是法利賽人）不安。同樣，我們的意念也有上帝的形象在我們裏面，無論我們用不用得著也好。因此，問題是我們**如何**運用我們的意念。追隨基督作榜樣，我們可以用聲音去溫柔地說真理和建立真正的關係。

善用你的聲音

要有效地以你的全人來反照上帝，你必須找到及運用你真正的聲音。在莉薩．麥克明（Lisa McMinn）的著作《堅強中的女兒》（*Growing Strong Daughters*），她指出女性擁有上帝的形象，能以獨一無二、與眾不同的方法去反照上帝。可是，她認為「沒有聲音的話」，「上帝形象中的這些方面，就無法充分得著發揮了」。[6]

當心理學家談到有些女性怎樣在青春期喪失了她們的「聲音」時，我們並非指聲帶。反之，喪失你的聲音，意思是指你失去做自己的自由。回想你未進入青春期之前是怎樣的。我們許多人都會不經過濾地說出自己心中所想。我們在青春期當中學到和用到的過濾，就是種抑制，它叫我們不能說出自己真實的想法。它可能會像以下這樣：

- 如果我這樣說，她會發怒嗎？
- 如果我誠實地說出我的想法，他還會喜歡我嗎？
- 埋藏心底就好了，根本沒人在意你想甚麼。
- 我但願她不再這樣說，可是我又不想令人覺得我太心胸狹窄或愛發牢騷。

當然，過濾和好的判斷之間是有分別的。過濾抑制我們真正的聲音；而好的判斷幫助我們整理思緒，不致衝動地把腦海中首個意念說出來。好的判斷讓我們懂得尊重別人，對別人的感受敏感，細心想想自己想說的話，以致可以與他人分享真正的自我。而另一方面，過濾只會令我們無法真誠。舉例說，過濾令許多女士不能清楚及直接地表達自己的意見。

回想一下，上一次你參與男女合組的組內情況。女士們發言相比起男士們有甚麼分別呢？女性是否多數會在發言前發表聲明，例如「我也許有錯，可是……」或「這只是我的個人意見，但……」倘若你也發現男性和女性在小組內發言的分別，你要知道，這並非因為我們有著不同「溝通基因」。而是，某些不同的行為在男性的身上更被重視及強化，我們就是在這種氛圍下成長。我們在女孩時期學到，要被接納，就要小心翼翼地走；要聰穎，卻不可比男生精明；要堅強，但不可過於操縱；要仁慈、女性化和有禮，卻又要忠於自己。

要找著你的聲音，就要擁抱你獨特的自我。一個希望使用自己真正聲音的女子要問自己：**上帝創造我成為誰呢？祂要呼召我成為怎樣的人呢？**一個能反照**你自己**是誰和上帝呼召**你**成為誰的生命，和一個只為別人而活、沒覺察真實自我的存在的生命，是有著很大的分別。這種生存方法在女性當中十分普遍。派佛寫道，「女性只知道家中每一個人的想法，卻不明白自己的心意。她們善於在同事、丈夫、孩子和朋友之間取得平衡，卻往往忘記把自己也放進算式內」。[7] 這種模式不單很普遍，甚至也得到回報和稱許。

當我們可以真誠的心去服事身邊的人，在關係中、在服事和關懷別人時，就能夠更有效和真誠。看看瑪麗（Mary）的案例；她是個四十六歲的婦人，丈夫對她不忠，令他們多年來陷入痛苦之中，婚姻充滿張力。最近，瑪麗參加了一個專為性上癮人士的妻子而設的小組。在組裏，她遇到賈尼（Janie）。之後的某星期，她倆在小組之後一起去吃甜品。瑪麗想知道賈尼的故事，卻又不知怎樣開口問這麼私人的問題。若要分享自己的故事的話，瑪利會覺得不自然和尷尬，因此她只隨便找些話説説。她們等甜品等了超過四十五分鐘，侍應給瑪麗端來的卻是普通咖啡，而不是不含咖啡因的咖啡。雖然瑪麗喝了咖啡因會頭痛，但她卻甚麼都沒説，因為她不想麻煩任何人。談著談著，賈尼提到一個神學論點是瑪麗不同意的，但她只點頭微笑，害怕分享自己的意見。賈尼稱讚瑪麗在上次小組時提出的一個意見，瑪麗卻不懂得如何回應，是要接受稱讚還是應該愧不敢當呢？

她們分別的時候，瑪麗希望可再相約賈尼，但她卻不肯定賈尼是否也喜歡與她一起，而且她又不知該如何提出才好，所以她沒有作聲。結果，她回家後，對自己和那個黃昏都感到失望。瑪麗沒有和賈尼分享她真正的自己和聲音，她只表現了部分的自己，同時壓制和收藏真正自我的重要元素。

反省一下你自己的生命。瑪麗的情況你覺得熟悉嗎？你是否也傾向沉默、約束自己，讓自己不致冒犯別人，令自己或別人不舒服，或使關係緊張？問問自己以下的問題，看看你對運用自己的聲音有多熟練：

- 在單對單的會面上，我是否能自在地表達自己的意見，即使明知對方的想法不一樣？
- 我是否能夠告訴別人，我很享受與他們一起談天的時間？
- 我是否能夠拒絕一些微小的請求，例如是朋友想把孩子暫托在我家數小時？
- 我是否能拒絕一些較重大，但看似無理的請求，或者我根本沒有時間或能力去完成的請求？
- 我是否能告訴一個要好的朋友或家人，他或她傷害了我，使我不高興呢？
- 我是否能在適當時道歉，但對自己控制或責任以外的事情，不會過於自責？
- 如果我在餐廳或店裏買了不喜歡的東西，我是否能自在地把它更換或退回呢？
- 我是否只有當自己真實的感受和其他人的想法一致時，我才會表示認同呢？抑或在我不同意的時候，也會裝作同意呢？
- 在一羣人中，我是否能自在地分享我的想法？
- 我是否能向一個師長、上司或朋友求助？
- 我是否能自在地作出個人的選擇，抑或我傾向做一些不必要的事，為的只是令別人不會不喜歡我？

如果你有許多答案都是否定的，那麼，善用你的聲音就不是那麼容易了。善用你的聲音，最基本是能誠實分享你的想法、請求或接受幫助、在需要時說「不」。

用一點時間再看看這章的開首。奧斯汀筆下的安妮就是一個最好的例子，她找到自己真正的聲音，並且能夠善用它。她誠實及恭敬地分享她的意見，即使那有時會跟與她對話的那人起衝突。那是個比她年長而德高望重的男性。她不會為自己的想法而道歉，或貶低自己的意念，反倒會直接地表達出來。這樣，哈維爾上校就不必和一個「女性演員」相處，而可與一個真正的女士交流。

當我們使用自己真正的聲音，就是給別人和自己一份禮物。使用我們的聲音的美妙之處，並不在於當我們語氣堅定時，就能從別人身上**得到想要**的東西。反之，善用真正的聲音，我們才能**施予給**身邊的人。在我最近主持的一個小組聚會中，一個組員對一個異常沉靜、極少分享想法和意見的女士凱利（Kelly）說：「離開這裏時，我在想，你這麼靜靜地坐在一旁，究竟在思想些甚麼呢？覺得怎樣呢？我真的很想知道你對事物的看法。」這句話對凱利起了很大的鼓舞作用，她開始在之後的小組中多了發言。在某次小組，凱利哭著分享她如何害怕在關係中受傷，想怎樣的保護自己。那次之後，我覺得自己才首次認識她。當她分享真正的自己時，她給了整個小組一份禮物——就是真實的她。

當我們開始表達自己真正的想法，願意直接而不是間接地照顧自己的需要時，我們就讓別人可以與真正的我們相交，而不只是與我們理想中的影子交流。當然，要改變既有的模式是困難的，其他人也不一定如我們所願那樣回應。其他人可能會期望及希望我們像以往一樣，因為那是最熟悉和舒服的。開始運用我們的聲音，可以是頗為驚嚇的，尤其當它與我們本身在關係中的表現有顯著的分別時。我們身邊必須有人支持這個轉變，這樣，我們就能開始讓別人看到我們自己，以及我們將要成為怎樣——一個按照上帝形象所造的完全人，有著獨一無二的思想、感受和意念。

旅程上的工具

從小事做起。如果你對於瑪麗的情況覺得感同身受，認為很難說出自己的想法和運用自己的聲音，最好的方法就是**做一些不同的事**。來練習使用你的聲音！可以由小開始，先列一個表，寫出一些安全的方法去表達自己。你可以練習提出簡單的請求。舉例說，你可要求一個電話銷售員將你的名字從他公司的名單中刪除。你可以到店裏問店員兌換些零錢，而不必購買任何東西。當你漸漸覺得更自在，就可以試試在餐廳裏要可樂，然後在添飲時轉為冰紅茶。

在提出微小請求以外，也可練習表達及分享你真正的想法。例如，你可在工作會議或小組裏，主動提出意見，而不是保持沉默，等待別人叫你的名字後才發言。當你的女性朋友問你想到哪裏吃晚飯時，不要說「沒所謂」，提出一些建議吧！若在你鄰舍或教會中有姊妹是你想更深認識的，問問她是否有興趣一起喝杯咖啡吧。你可以告訴一個一直支持你的同事或朋友，你如何欣賞他或她的良善。

當你在整理這個表，練習提出請求及分享你的想法時，由最簡單的開始吧！當你做這些事時，留心觀察你的感受。情況是否如你所想般那麼糟呢？你能否處理其中的不舒服感覺呢？你是否已經過渡並倖免呢？當你完成了列表上的一項，就可反省其中的好處，分享想法、提出請求、以及滿足這些請求。而且，切勿否定或貶低能夠完成這些事的重要性。不要低估一點點成功的重要性。每一次的成功，都是邁向改變的基石。你有能力做到列表上開首幾項，也同樣能完成列表上最後的幾項，它們需要的技巧是相同的。

學習說「不」。你是否似乎不懂說「不」？瑪麗實在太遷就人，甚至像奴僕一樣。她對我說，她有時覺得自己似乎給掛上了一個牌子，寫著「好的——無論甚麼也好——我也會做的」。你們有些可能剛好相反。你也許對所有事也說「不」，不願意去付出。這是個完全不同的課題，我們會在第八章再詳細討論。然而，倘若你凡事都說「好」，那麼，這旅程上的工具就是給你的。

善用你的聲音的某部分意思，是對人說真話。當朋友、家人、同事或教會弟兄姊妹請你做一些事，有時「不」是我們誠實的答案。可是，對於凡事說好的女士來說便很掙扎，她們久久說不出那個字。當有人請求你時，你或許不肯定做甚麼或怎樣回應時，你最後都會對人說好。你也許害怕，當你說「不」時，別人會覺得你心胸狹窄或不屬靈。結果，你耗盡精力、身心俱疲、甚至有些懊悔。你把自己拉得太緊了，就不能再花太多時間或精神在生命中最重要的事上——你的關係。使用你真正的聲音，就是要你誠實地評核請求，並給別人誠實的答案。

開始監察自己吧。你是否不懂得拒絕一些無理或你能力範圍以外的請求？如果你是凡事說「好」的人，那麼，下一次有人請你做事時，便要仔細考量那個請求，才作出回覆。你可以告訴對方，你遲些才回覆他或她，好讓你可以評核情況，誠實地判斷你的能力是否能完成請求。首先，考慮那請求本身是否可處理和合理的？別害怕要向對方取得更多的資料。如果有人請你統籌區內的賣物會，那實際是要做些甚麼呢？你只是要設計廣告和做些指示牌？還是每一個細節都要兼顧呢？如要作出一個誠實的回覆，你必須先清楚明白別人請求你做甚麼。

如果那請求在當時是超出你能力範圍或所情願的，你告訴對方時，可以先**重申**那個請求。這讓他們知道，你明白那個請求的性質，並且已經仔細考量。然後，**簡略地**解釋你為甚麼不能或不會幫忙。最後，就**說「不」**。例如「我明白你想我協助統籌賣物會，可是，那星期我在外地的親戚剛好會來探望我。我要照顧他們，因此無法兼顧賣物會的細節，而且也未能出席。抱歉這次我未能幫上忙了」。然而，最重要是要記著，你拒絕時不一定要給別人一個解釋。很多時候，我見到那些時常說「好」

的女士，她們也想說「不」，只是她們找不到拒絕的理由——她們純粹是因為不想做，或她們當日暫時未有其他安排而已。如果有人要求你做一些事，而你是不想做的話，那是沒關係的。服事別人固然重要，但同樣重要的，是你要關心自己和尊重你自己的需要和感受。我們每個人都不同，有的只說「好」，有的愛說「不」。如果你多數說「好」的話，那麼，練習說「不」對你來說就很重要了。另一方面，如果你時常說「不」的話，就要學習在說「好」的範疇多多用功了。

當你開始練習說「不」的肌肉時，要緊記以下幾項額外的事情。在拒絕別人的請求時，要儘量迅速。你不必要提出六個不同的原因，解釋你為何不能或不會協助籌辦賣物會。嘗試不要過度歉疚或為那人提供另一些補償，以求減輕自己的內疚感。如果你不能或不想做，拒絕是沒問題的！你說「不」之後，不需要為你的鄰居照顧小孩三個月來抵銷你的罪孽。

我並不是說要你開始凡事都說「不」。我們要透過奉獻自己，服事別人來歸榮耀給上帝。可是，我們不能永遠說「好」，那會令我們生活的其他方面出亂子，例如是家庭關係、健康或與上帝的親密交通。我們必須有識別能力，知道生命中哪些事情應放在前面。要處理好優先主次，我們有時必須對某些事情說「不」。透過學習識別哪些活動我們可以或應該拒絕，然後恭敬地給別人一個誠實的答案，我們就能以意念和聲音，歸榮耀給上帝。

用你的聲音去直接而不是間接地溝通。待你覺得可以自在地提出小請求後，就可以分享你的想法和在需要時說「不」，認清一些你認為較難使用聲音的情況。即使朋友傷害你，令你深深不忿，你是否仍害怕告訴他或她呢？要練習使用聲音，就要預先準備如何對答。要決定你想何時及在哪裏和你的朋友對話。可以先在腦海中想像那個情景。在自己房間內閉上眼睛，幻想見面時的情景。在你創造這栩栩如生的畫面時，想像你要帶給那朋友的信息。

在給予這種回應時，在信息中加入以下的一些元素，對你是有幫助的。首先，在**表達**你的感受時，要保持態度中立，運用「我」信息（I-message）。當我們一開口就說：「你真心胸狹窄。」聽起來就像我們在攻擊對方一樣。我們在攻擊對方的話，很自然地對方就會處於防衛的狀態。另一邊廂，倘若你專注在自己及個人的感受上，你就更容易去打動另一個人。最終，你才能全權控制你的情緒。然而，所謂「我」信息，並不是代表在所有句子起首都加「我覺得……」。例如，「我覺得你是個怪人！」就是一個意見，而不是一種情緒。說這種攻擊性說話就未必能打開溝通之門了！相反，當你用「我」信息時，具體說明**你的**感受，例如，「我感到孤單……或憤怒……或傷心……或害怕」。最重要是你要保持冷靜，因為當你歇斯底里時，就會令聆聽者感到你處心積慮或具侵略性。又如你運用憤怒的情緒來表達自己感到受傷，就會令人混亂。即使是在討論痛苦的情感時，最好也是退後一步，以平靜清晰的方式來談你的感受。

在你以「我」信息分享你的感受後，就形容一些令你不快的**具體事情**。謹記是集中說那件事，而不是針對人。也要記著要儘量精簡。避免用**經常**或**永不**等字眼，因為凡事總有例外。因此，若你希望被聆聽的話，就要簡略地說出甚麼事令你受傷。舉例說，你可能會說：「你在其他朋友前取笑我的衣著品味，令我感到受傷害。」這樣說就比起說「你既惡毒，又報復心強」或「你常常在別人面前嘲笑我」更具體，而且也不會太具威嚇性。

你一旦清楚簡潔地描述過令你受傷的事情，就要清晰地說明你盼望在這情況下會怎麼樣。直接**要求**你想要的，才能令情況有改善。嘗試不要以大量的道歉或聲明來損害你的信息。相反，在總結時，精要地說出你希望朋友怎樣做，例如，「我希望你不會再在那些我不熟悉的人面前那樣子說笑」。在你分享感受和要求後，就給你的朋友回應的機會。最後，要感謝對方聆聽你的回應及和你一起談這事。

當我們憤怒或在覺得被虧待時默不作聲，我們往往仍會傳遞出這些感受。我們也許只是間接地讓對方知道，比方說透過不致電給那個朋友、和他或她說話時語氣冷淡、又或保留一些平常會與他或她分享的資訊。當我們坦誠地分享，就可活出完全的自我，並邀請他人也同樣這樣做。

即或這樣做也許會令你感到不舒服，試考慮一下你信息背後的動機和目的。你給一個朋友直接的回應，就是實實在在地告訴另一人：「你是我的好友，我在乎你。

我感到我們中間有些東西，是大家也怯於提出的。別沉默了，讓我們開誠布公地說這事，好讓我們一起處理。我珍惜我們之間的友誼，更想事情可以有所改善。」

當我們——透過提出請求、分享想法、說「不」、或是作出回應——與人直接溝通，這就是由衷地坦誠說話。當我們這樣坦誠分享，就是給他人一個機會去與真正的我們交流。如果我們對一個朋友說「不」，他或她就得以與一個真正被現有責任纏身的人對話，而不是跟一個裝作可以一心幾用的女子溝通。如果我們給朋友一個回應，那個朋友就可以看見一個真正受傷的女子，而不是一個給予有禮而虛偽笑容的友人。耶穌用祂的聲音去講論真理和建立關係。當我們選擇坦誠分享，就是追隨耶穌的榜樣，在我們的能力範圍以內成長，向身邊的世界反照上帝的形象。

註釋

1. 對於美國大學女性協會於一九九二年的研究，可參閱 Peggy Orenstein, *Schoolgirls: Young Women, Self-Esteem, and the Confidence Gap* (New York, NY: Anchor Books, 1994)；或 Mary Pipher, *Reviving Ophelia: Saving the Selves of Adolescent Girls* (New York, NY: Ballantine, 1994)。

2. Orenstein, *Schoolgirls*, xvi.

3. Pipher, *Reviving Ophelia*, 22.
4. Sue Monk Kidd, *The Secret Life of Bees* (New York, NY: Penguin, 2002), 9.
5. Pipher, *Reviving Ophelia*, 25.
6. Lisa Graham McMinn, *Growing Strong Daughters: Encouraging Girls to Become All They're Meant to Be* (Grand Rapids, MI: Baker Books, 2000), 109.
7. Pipher, *Reviving Ophelia*, 25.

4

負面的自我對話

我們的想法如何影響我們的感受

我知道你要告訴自己甚麼，你告訴自己……
誰告訴你，你一無是處？
就是沒用，就是不好，你永遠都無法合格……
你告訴自己你不漂亮……
告訴你自己是個沒人看到的平凡女子，
告訴你自己，沒有甚麼比內在痛楚及其帶來的傷害更糟糕。

莫森特（Natalie Merchant）
〈告訴自己〉（"Tell Yourself"），
收錄在《故鄉》（*Motherland*）一碟內

當我們要善用我們的聲音時，我們首先要聆聽自己的心聲。然而，對許多人來說，當我們聆聽自己內在的想法時，未必能聽見真正的自我。猶如莫森特的歌，我們聽到一些自我對自己說的批評。心理學家會稱這批評的聲音為負面的自我對話。這是我們腦袋中的聲音，它由早到晚給我們的言語和行為提意見。那不是外在的聲音，而是我們自己的自省思想。這些思想有時會像壞了的唱片，重播又重播。

朱莉（Julie）是我曾輔導過的一個二十四歲單身女子。她有抑鬱症和自我形象低落，她就是常常經驗到這種負面的自我對話。當我請她記錄她自己的內在對話，她就發現，原來她一整天的自我對話都是負面的。例如：

- 那樣太愚蠢了，你真失敗。
- 你沒可能做到的，試也不用試了。
- 別作聲，你聽起來像個傻子。
- 你不能穿下那件衣服——你太胖了。

當朱莉完成這個練習後，對於她對自己的苛刻評論感到十分驚訝。回想一下你對自己所說的話。你的自我對話是否總是批評和貶低自己呢？你的內在對話是否充斥著苛刻和無禮的說話，而那些說話你根本不會對朋友，甚至是敵人說的呢？

自我對話是大有能力的。我們聽到它的聲音，較生活中的其他種種聲音為多。倘若我們的自我對話像是充滿批評和負面思想的錄音帶，不斷地在重播，那麼我們必然很難能滿有信心或自信地說話。負面的自我對話，會阻礙我們聽到上帝那靜靜而微小的聲音。說話是帶有能力的，如果我們對自己說自我否定的說話，我們就無法確認自己就是上帝所愛的兒女這真正的身分。

負面的自我對話是有問題的，因為它會打擊我們的自尊和信心，而且常常是不準確及不能反映現實的。

負面的自我對話並非只會出現於某個性別或某個人生階段。而是不論男女老幼，都會與此掙扎。當我們的自我對話是負面和帶有批評時，與此同時也會帶有某種思想模式，這樣會令我們不能清楚地看到自己和別人乃是按上帝形象所造的完全人。心理學家偶爾會稱這種認知上的路障為不理性的想法或認知上的扭曲。[1] 在這一章，我將會檢視幾種會阻礙我們聽到及使用真正聲音的思想模式，並提出建議去闖過這些路障。當我們開始看到自己和別人的真正身分，以及我們透過基督救贖的工作成為何許人時，我們就能在我們的能力以內成長，如上帝的形象般。

路障一：非黑即白

「她不夠朋友，」朱莉在最近一次聚會中被朋友無心之言傷害了，然後她告訴我，「凱蒂（Katie）令我感到尷尬，傷害了我的感受，她不是我的好友。」雖然凱蒂曾是朱莉的好朋友，而且之前從未說過類似的話，但是這單一的事件後，朱莉似乎已把她歸入「不夠朋友」的列上。朱莉不是就這單一處境而對凱蒂的說話或具傷害性的行動感到憂傷，她是對凱蒂整個人感到不滿（即她**是**不夠朋友，而不是她**做了**傷害人的事）。朱莉墮入了非黑即白的思想網羅，看凱蒂為全好或全壞的。

這種思想的問題是，如果我犯了一個錯誤，那我就完結了，我整個身分的意識被動搖。你是否記得童年時玩搖搖板的經歷？雖然我很喜歡玩，但若我玩得太久或遇上過度活躍的同伴，我會感到有點胃痛。這種思想就像在搖搖板上生活。這一分鐘你搖到上面，享受完美、讚賞及成就的涼風。下一分鐘你遇上失敗、批評、錯誤或疏忽，就撞到地上。

活在這種兩極的思想是令人洩氣的。我們永不會對自己有個不變的觀感，因為我們是好是壞，皆取決於暫時的景況、表現和回應。我們同樣無法對別人有不變的看法，因為他們是好是壞，乃受著許多細節的影響。**他會忘記吻別我嗎？她這星期會記得致電給我嗎？他會執拾房間嗎？**

這黑白分明思想的根源，往往正是完美的標準。**如果你能達到我的標準，你就很好了。可是如果你無法滿足我的這些要求，令我失望，那麼你就是個失敗者。**費希爾（Kathleen Fischer）觀察到這些完美主義的傾向在母女關係中的影響：「一個女人的靈性挑戰，在於拋開完美母親和完美女兒的形象，不藉以完全滿足彼此的需要和期望。這意味著我們要學習有愛心地看待我們的母親。」[2] 雖然費希爾寫的是母女關係，但她的說話同樣可套用在其他關係上，例如當我們對丈夫、男友、父親、朋友或兄弟姊妹有不切實際的期盼。當我們有更多愛心，放開完美的期望，就能容許別人犯錯。由於人們肯定會犯錯，所以當我們能預計及接受時，就能更切合實際情況了。再者，很大可能同樣（甚至更差）的完美主義規條，會影響我們怎樣思想及判斷自己。因此，我們也開始需要有愛心地看待自己，接納自己也會犯錯，甚至可以從錯誤中學習及成長。

我們沒有一個是完全好或完全壞的。舉例說，我們當中有些人曾被生命中的男人傷害過——可能我們曾被性侵犯、或者有個缺席的父親、或暴力成性的叔叔。我們極度渴求感到安全和可靠，因此我們就可能會以這種非黑即白的思想來保護自己。由於我們曾被一個男人（又或許是多個男人）傷害，我們就表現得像是所有男人都是帶有威脅性的、危險的、壞的。雖然這**感覺**可能很真實，但是，在現實中，這種偏頗的思想是個謊話。不是所有男人（或所有女人）皆是壞的，也不是所有女人（或男人）都是好的。當我們以切實思想的真相來取代偏頗思想的謊話，就能夠以更大的愛心、更準確地看待自己和別人，深切地明白到我們全都是按上帝形象所造的。

路障二：應該

另一個許多女性會墮進的陷阱，就是不懂變通的思考模式，覺得事情「應該」按著某些每個人都要遵守的規條發生，而其實這些規條並非國家法律或宗教律法。相反，那些只是一些不靈活的個人信念，認為在某些情況下應該或不應該做些甚麼、說些甚麼、或有怎麼樣的感受。很多時我們並沒有意識到自己把這些期望視為一系列的規條。相反，我們只假設這些事情是人們「應該」做的，而對我們而言又是那麼的理所當然。因此，當別人無法達致這些明顯的標準時，我們就傾向感到沮喪、憤怒或受傷害。再者，當我們自己達不到這標準時，亦會感到內疚。有時，我們或其他人若未能遵守那無意識列出的規條，我們甚至會懲罰自己或其他人。我們可以留意自己在甚麼情況下會說或想「你不應該那樣做」、「你應該懂得更多的」、「你要改變了」，就可以認清自己的「應該」列表。

我是否說有標準一定會出問題呢？當然不是。身為基督徒，我們必須言行一致，過聖潔的生活。我們敬拜的上帝，祂告訴我們「要成為聖潔，因為我是聖潔的」（利十一44）。拋出行為上的標準並不是解決方法。而且，我們的「應該」不是常常有聖經根據的。心理學家納蘭摩爾（Bruce Narramore）指出，「人們時常活在不能忍受的內疚中，是因為他們無法達致父母、社會或基督教次文化的標準。可悲的是，這些標準往往完全不能代表上帝的聲音！」[3] 更常見的是，這些標準是我們從原生家庭學到的文化修養。由於我們的家庭都是不同的，因此我們的個人期望亦會有差異。舉例說，在你的家裏，你可能會學到人們應該要準時、負責任、早起及不要浪費時間。可是，你的丈夫也許會學到人們應該要放鬆及隨心，要享受生命、享受與人相處，而且旅程比目的地更加重要。你可以想像到，這兩個「應該」列表相撞會產生怎樣的結果呢？是否你們其中一個的標準比另一個更像「基督徒」呢？當然不是——在馬利亞和馬大面對生命的態度中，人們同樣可看出基督徒的品德。

當我們的「應該」列表變得苛刻和不靈活，以及當我們無法看到別人面對生命時的取態的價值，我們就不能視他們及對待他們為完全了。再者，當我們為著未能滿足自己的「應該」列表的要求而懲罰自己，就常常會變得乏力。我們墮進「應該」的網羅，思想就被內疚的思想籠罩，認為我們**應該**時常有潔淨的房子、或人們一**定要**喜歡我、或**要**時常保持溫和。悔疚若能帶來改變，乃是好的；可是，悔疚常常只會產生更多的悔疚。「應該」只會引起更多悔疚。為著未能達到一些不切實際的期望而悔疚，很多時益處不大。因為我們不可能時常改變自己的行為至**完美**，令別人**常常**都喜歡我們、覺得我們親切、以及認為我們的家窗明几淨。

花些時間去反思你自己的「應該」列表吧。哪些事是你會因為做了或沒做而懲罰自己或別人呢？你對自己或別人的期望是否實際？要善用你的真正聲音，你必須首先聆聽到那聲音。也許你先放棄那個**應該**怎樣做的列表，才能找到及接納你的真正聲音，「我們最深的呼召乃是發展我們最真實的自己，」帕克．帕爾默（Parker Palmer）寫道：「不論那是否與我們**應該**怎樣的形象吻合。」[4]

路障三：我就是知道（讀心術）

「太可怕了，」朱莉在與喬（Joe）約會後對我說。這個男人是她一度愛上的。「他覺得我又胖又沒趣。我真想這事完結。」而當她被問到怎樣發現喬對她的看法時，朱莉答：「我就是知道。那太明顯不過了。」朱莉假設自己知道另一個人裏面的想法，就正正是一個思想陷阱——讀心術——的好例子，這陷阱阻礙我們看到完整的自己或別人。

當我們嘗試投入讀心術，我們便會對別人在想甚麼、有甚麼感受、為何他們這樣做等等下結論。倘若我們被困在這認知的陷阱中，就時常會認為自己格外擅長辨識別人怎樣想**我們**，以及對**我們**有甚麼感覺。即使喬從沒說過他認為朱莉不吸引或沒趣，但她卻幻想那些是他對她的想法和感覺。

當我們嘗試去讀心，不但會想像別人的想法和感覺，更會當作那人已直接對我們說出了那些話。即使喬從沒對朱莉說過他覺得她胖或沒趣，她對待他時，就彷彿他已這樣說了。在他們對話時，朱莉變得具防衛性，甚至有攻擊性，這不是因為他對她的**實際**想法，而只是因為她**相信**他怎樣想的緣故。

反省一下你甚麼時候會這樣做。你昨晚和丈夫對話時，是否就已**知道**他覺得你經常遲到和不負責任？在與老闆對話後，你會否因為肯定他認為你辭不達意、未能勝任工作，而嚴厲地責備自己？你會否因為你就是知道女兒那樣說是刻意傷害你，所以勃然大怒呢？在小組中有一位女士在你分享時轉身望向其他人，你是否就會肯定那代表她對你有負面的想法，因而感到受傷害呢？在與人對話或派對過後，你是否會嘗試重組別人內在的想法和感受，想像他們怎樣看你的打扮和言談呢？

當然，在某程度上，想知道別人對自己有何想法是很自然的事。可是，有時我們未有證據就替別人對自己的想法下定論。我們這樣做的時候，就是沒有視其他人為完整的個體。我們按所想像的那樣對待他們，在腦海中創造他們，以致忽略了其他人的真實情況。舉例說，喬沒有正視朱莉，而且話很少，朱莉把這些解讀為沉悶和鄙視。可是，他可能只是緊張和害怕。他也許並沒有去想朱莉的身型和談吐，而只是專注在自己裝模作樣的演講和緊張的動作上。如果是這樣的話，朱莉就錯過了一段也許甚有意思的關係。沒錯，有時別人會對我們有負面的評價，可是，有時事情卻不是如此。如果我們總表現得自己甚麼都**知道**，其實就是阻礙了真實關係的發展。

路障四：如果……怎麼辦？

另一個我們也許會陷入的思想陷阱，就是心理學家稱為的災難性思想。我們可能會見到一個潛在的問題，並開始想像無數個最差的情況：**如果在回家路上暴風雨加劇，我們發生意外，那怎麼辦？如果我終生不結婚，那怎麼辦？如果我的兒子在賽事中受傷，那怎麼辦？如果我的丈夫有外遇，要離開我，那怎麼辦？如果我不能有小孩，那怎麼辦？如果我們不能付清帳單，失去一切，那怎麼辦？如果我的女兒與一個錯的對象交往，然後落在不如意的處境，那怎麼辦？如果我的丈夫去世，**

而又沒留下甚麼給我，那怎麼辦？

我們沒有處理現在的實際情況，反倒在我們的「如果……怎麼辦」的思想中迷失了、走歪了。縱然，我們時常相信，作最壞的打算會令我們掌握得更多。可是，現實卻正好相反。這想法令我們無法活在當下，也不能為真實的問題尋求解決方法，而且也會增添一些無謂的焦慮。

舉例說，朱莉就她的體重及將來的關係，陷入這種災難性的思想。朱莉曾超重七十五磅，她有時會說：「如果我瘦不下來，那怎麼辦？如果我不苗條，就找不到好的對象，結不了婚，那怎麼辦？」災難性的思想沒有推動她，反而阻礙了她。要改變健康和飲食習慣，需要專注在現在的處境，比方說，**現在**做健康的選擇去達致**將來**的目標。可是，當朱莉開始凡事災難化，她就會在對將來的恐懼中停滯不前。這些「如果……怎麼辦」的情況令她沮喪，使她感到無力改變，不能掌握。對朱莉而言，食物是得安慰的源頭，所以她會寧願犧牲健康飲食，以減輕及平息她對未來的焦慮想法。

再者，朱莉對自己的體重和婚姻的想法，是不切實際的。她害怕自己不夠瘦就找不到終生伴侶，變得焦慮和抑鬱。可是，事實上，許多超重的人皆進入了婚姻，並且生活得美滿。而且，很多纖瘦的人也沒有結婚，或有不愉快的婚姻。體重與婚姻之間其實並沒有必然的關係。朱莉的災難性想法，令她產生不必要的焦慮，使她不能作出一些她願意在生命中見到的改變。這種焦慮並不是植根在**現實**生活中，而是在於她對現實的災難性**恐懼**。

路障五：負面過濾器

我喜歡咖啡的香氣，早上起來沒有甚麼比得上一杯剛泡好的咖啡。想像一下，如果我的丈夫早上給我泡咖啡，卻沒有從咖啡壺倒出咖啡，反而是把過濾紙上的咖啡渣滓給我。我會相當不悅！然而，我們有時在思想上會這樣做——只抓住苦澀無味的部分，棄掉一些上好的東西。

朱莉在母親家度週末一個星期後來見我。在起初的二十分鐘，她仔細地告訴我，她母親如何在某天早上一起吃早餐時批評她的體重。我再追問之下，才知道她與母親也有好幾次有意義的對話，她的母親肯定了她工作上的成就及個人成長。在這情況下，朱莉的思考模式就是個精神上的過濾器。負面的事件就像我丈夫倒在我杯中的咖啡渣滓。朱莉執著於這些負面的評語，而且更不斷地反覆仔細思量。可是，這週末的正面部分，卻像經過濾器流出的水。雖然那是最好的部分，但是卻似乎被遺忘及棄掉。在這處境中，朱莉濾去一些正面的元素，只記得一些負面的事情。

女性在很多情況下會有這種思想。在與丈夫通電話後，你是否能清楚記得他如何諷刺你的母親？可是你是否不太記得一些體貼的問候或他對你的讚賞？如果你與你的老闆會面，是否會記得她肯定你的六項貢獻？抑或只著眼於她提出的兩項提升表現的建議呢？如果你帶領小組查經，本認為過程還算不錯，然後有個朋友卻說你說得太快，那麼，你會著眼於這個朋友的單一意見而批評自己，還是專注在幾個女士在小組查經後的道謝呢？

當我們只記得和別人對話或交往中的負面部分，就無法把自己或他們當成完整。我們把對別人和環境的認識分為正面**或**負面，然後我們就**只**是聽到和著重負面的。要在我們裏面成長至完全，我們需要學習以一個更全面的方式去解讀這個世界和身邊的人。當我們只著眼某些情況下的負面部分，就無法看到一幅完整的圖畫。結果，我們錯過了最好的部分。我們只投訴咖啡渣滓是如何苦澀，然而有一整壺的暖咖啡卻被遺忘或忽視了。

其他路障

雖然我已闡述了五種最常見的思想路障，但心理學家仍分辨出幾個其他在認知上的扭曲情況。在你看這簡略的總結時，問問自己會墮進哪些思想的陷阱：

- **情感判斷**。你會假設如果你感到怎樣，那就是事實。舉例說，**我覺得無能力，因此我就是無能力了**，或者**我認為他以我為恥，他就真是以我為恥了**。
- **推算命運**。在「如果……怎麼辦？」的思想中，你會**擔心**將來。在推算命運時，你會以為自己**知道**未來。你會深信當你預測事情會轉壞，就即將會發生，於是你就照著行。**我知道如果我嘗試回到校園，那我一定會失敗，所以我就不去了**。

- **過度一般化**。在「負面過濾器」中，你只記得不好的事。在「過度一般化」中，你會拿一件負面的事，然後不斷重演。舉例說，你可能會想，**我在面試中的表現糟透了，得不到這份工作。沒希望了，我永遠也找不到工作了**。
- **放大與縮小**。這有時稱為「望遠鏡效應」，因為你把你所有的弱點放大，又把你所有的優點縮小。如果你表現良好，你會認為不怎麼樣；可是，如果你犯錯，你就會誇大它的重要性。舉例說，**做一個好的廚師沒甚麼大不了，任何人有食譜也能照著煮。我但願我可以好好讀書，像我妹妹一樣，有真正的事業。那麼，我想我的丈夫會更尊重我，我們也不需面對現有的問題**。
- **個人化**。彷彿人們說的所有話和做的所有事也是關於你和你的言行。如果你處身某個社交場合，有人感到不悅，離開現場，你就會以為那是因為你。**在我說話之後，他就在會上提那意見。他是在讓我出糗，令上司覺得他的表現更出色**。

在〈告訴自己〉中，莫森特唱出女孩們會告訴自己的信息。「『這是個困難的世界』，那也是你要說的話。是的，我知道，說時容易做時難，可是那真的夠了。放開吧。」[5] 當我們用破碎的方式思考，就不能聽到自己真正的聲音，也不能視自己及其他人為完全的人。

因此，我們需要開始去認清及重組那些具破壞性的思想模式。透過與基督的聯合，我們就可以心志改換一新（弗四 23）。就像其他所有的改變一樣，這是說易行難的，然而，要聽到我們真正的聲音，就必須學習放開扭曲的思想模式。

旅程上的工具

練習終止思想。倘若負面的自我對話阻礙你用真正聲音的決心，第一步就是**注意**那內在聲音。你也許也曾聽過，人們在吵架得激烈的時候，大嚷：「我不要聽這個！」我不是要你吆喝自己，但你也可運用類似的概念。開始對自己說：「你**不需要**聽那些負面的自我對話」，從而洗掉那些負面、帶批評的聲帶。

在我輔導朱莉的時候，我請她做一個實驗，嘗試留心負面的自我對話。朱莉時常束馬尾，我建議她把其中一個橡皮圈圍在手腕上一個星期。每次她發現自己聽到負面的自我對話，就拉一下橡皮圈，對自己說聲「**停**」！現在，如果你決定嘗試，我也會給你像給朱莉的警告：我不是要你用橡皮圈懲罰自己（例如把它拉開五至六寸，然後再放手）。這不是自我鞭打的練習。相反，用這橡皮圈來提醒自己，停止正在做的事。

使用這終止思想的技巧後，你那些帶批評性的自我對話，不會奇迹地消失。可是，你會更加覺察到對自己的批評聲音。你會驚歎，怎麼單單**留意**一些事，就能帶來正面的改變，讓你更有力去藉著你內在的聲音，大大地反照上帝。

挑戰你的想法。當你監察自我對話，就會發現，你被某些認知路障阻擋著。舉例說，也許你甚為認同「非黑即白」這想法。學習去認得和命名這個思想陷阱是一項偉大的工程。當你發現自己在非黑即白的處境中，就開始輕輕地挑戰及重整你的想法。

比方說，討論朱莉和那個傷害她的女性朋友之間的交流的時候，我們就制定出一個挑戰列表。在這個列表上，我叫她反省不同的問題，例如凱蒂不夠朋友的時間佔百分之幾？是不是百分百的時間呢？如果不是的話，她何時不夠朋友呢？自你認識她以來，她有否做過一些不那麼壞的事呢？她這個月做過些甚麼不太壞的事呢？有沒有一件客觀的好事是關於凱蒂的呢？

當朱莉嘗試解讀喬的心意，我們就定出另一個挑戰列表。跟她討論她相信喬怎樣想之後，我請朱莉說明一下她那些信念有何證據。朱莉說他和她對話時，明顯表現不自在，而且避開她的目光。於是我就請她把這些問題加在列表上：有沒有另一個解讀方法呢？舉例說，我們還可以怎樣看喬的眼神和動作呢？他的行為是否可有其他的解釋呢？

當朱莉嘗試將她的體重和對單身的恐懼災難化，我請她再在她的挑戰列表上加上一些額外的問題：有甚麼最差的事會發生呢？她是否真的會永遠單身呢？比較一下，有甚麼最好的事可能會發生呢？然後，我就和朱莉一起根據她所知別人的婚姻、體重，以及她自己本身的感情經歷，看看在這個情況下，有甚麼事**可能**會發生。

倘若你留意到自己被困於其中一個認知路障，馬上停下來吧。然後，挑戰自己，問問自己那想法有多準確。你是否完整地看待你自己、其他人以及世界呢？抑或把它們分成不同部分，然後漠視某些部分呢？你是否只以有限的方式解讀這個情況呢？其中一個輔導自己的好方法，就是挑戰自己，想像你與一個好朋友對坐，如果你的好朋友分享跟你一樣的想法，你會對她說甚麼？開始聽那聲音，也許你就可以把自己當作朋友。

加入新的想法。單單停下來或挑戰我們的負面或不理性思想是不足夠的；我們必須多走一步。要開始以一個更完全的方式思考，我們要用一個更準確的角度，融合一個對自己、他人及世界更完整的觀點，以取代那些負面、非理性及片段的思想。這取代的思想，必須是滿載關於我們是誰、以及我們在基督裏將會是誰的真理。

我不是說你要純粹為得到肯定的緣故，用沒有根據的肯定來填滿腦子。相反，我建議你「將各樣的計謀，各樣攔阻人認識上帝的那些自高之事，一概攻破了，又將人所有的心意奪回，使他都順服基督」（林後十5）。用上帝的真理——你真正的身分是你是按上帝的形象所造，並屬於祂——來取代那些負面、不準確的想法。開始加入新的想法，好讓你看到自己和別人是完整的。你可能甚至想把這些真理寫在小卡上，貼在浴室的鏡子上或汽車的儀器板上，來提醒自己你是誰及在基督裏將要成為甚麼樣的人。

一些你可能會寫在真理小卡上的事項有：

- 我是上帝的孩子，配得愛與尊重。
- 無論將來發生甚麼事也好，我也會安然無恙的。上帝不會離開我或丟棄我。
- 其他人會犯錯，使我失望，那沒事的，我們總能經過。
- 我有上帝賜的智慧，我就是被召使用它。
- 我有存在意義和價值。我是一個有上帝形象的女子。
- 我不能控制將來。
- 我真正的聲音，是上帝賜給我的，那是個值得聆聽的聲音。
- 我正在成長。基督正在更新我，使我完全。
- 犯錯是可以的。我甚至可以從中學習。在我的軟弱上就顯出上帝的剛強。
- 向別人求助及接受別人的幫助是完全沒有問題的。
- 我沒有責任令別人感到快樂或成功或妥當。事實上，我無法使別人有這樣的感覺。
- 我正在學習怎樣向別人表現真我，就是上帝創造我成為一個獨特的女子。
- 痛苦或困難的感覺或情況是會過去的。我會撐得過去的。
- 我不是完美的，然而我卻並不失敗。我好壞參半，我每天都正在成長和學習。

用聖經的真理以及上帝對你的愛的事實作反省。單單因為你**感覺**不到自己被愛或可愛，並不代表你就是不被愛和不可愛。那是情緒上的判斷！提醒自己一個客觀事實，就是你是被愛重重包圍的。「因為我深信無論是死，是生，是天使，是掌權的，是有能的，是現在的事，是將來的事，是高處的，是低處的，是別的受造之物，都不能叫我們與上帝的愛隔絕；這愛是在我們的主基督耶穌裏的。」（羅八 38～39）如果你被生命中的罪壓倒，或感覺到基督也不能救你了，要記著，耶穌「為我們捨了自己，要贖我們脫離一**切**罪惡」（多二 14，粗體字為作者所強調的）。耶穌不是為你一**部分**的罪而死。你所作的，沒有一件事是上帝的手未能及的。當你用上帝話語的真理，取代負面、不準確的思想，就更能參與和經歷上帝給予的完全。

詩人唱：「耶和華——我的磐石，我的救贖主啊，願我口中的言語、心裏的意念在你面前蒙悅納。」（詩十九 14）你被造成為一個體貼的人，有能力做決定、提意見、用你真正的聲音。你作為按照上帝的形象所造的兒女，這是上帝給你的其中一份禮物。當你挑戰那些阻礙你看自己和他人是完全的思想時，上帝便使我們完全及成為完全，你內心的默想就能討創造主的喜悅。使用你的心思、意念、聲音，你就能反映上帝給你的禮物，在你的能力範圍內，向周圍世界反映和反照出上帝。

註釋

1. 有關對認知上的扭曲的深入研究，見 David Burns, *Feeling Good: The New Mood Therapy* (New York, NY: Avon Books, 1980)。

2. Kathleen Fischer, *Women at the Well: Feminist Perspectives on Spiritual Direction* (New York, NY: Paulist, 1988), 202.

3. Bruce Narramore, *No Condemdation: Rethinking Guilt Motivation in Counseling, Preaching & Parenting* (Grand Rapids, MI: Academie Books, 1984), 301.

4. Parker Palmer, *Let Your Life Speak: Listening for the Voice of Vocation* (San Francisco, CA: Jossey-Bass, 2000), 16.

5. Natalie Merchant, "Tell Yourself," *Motherland*, Elektra Entertainment, 2001. Lyrics written by Natalie Merchant © 2001 Indian Love Bride Music.

5

當你的情緒擊敗你

在憤怒、焦慮和抑鬱中成長

凡勞苦擔重擔的人可以到我這裏來，我就使你們得安息。
我心裏柔和謙卑，你們當負我的軛，學我的樣式；
這樣，你們心裏就必得享安息。
因為我的軛是容易的，我的擔子是輕省的。

耶穌基督
馬太福音十一章 28 至 30 節

當我和丈夫決定是時候生孩子，我開始閱讀所有我能找到關於繁殖和懷孕的書籍，恐怕在懷胎時會遇到困難。當然，在知道我懷孕之後，我們都樂透了。不幸地，我們的快樂是短暫的。在我們驅車十小時告訴父母這好消息之後，回到家門前的時候，我的胎兒下墜。回家的路上，我一直有輕微的抽筋，而且站起來時感到有些東西——這東西絕對是我極不想感受到的。我馬上跑到浴室，當我的丈夫拿著我們的袋子進來時，他看到我淚流滿面。在好幾次令人困惑的求醫，以及超聲波掃描的數個星期之後，就確定了我們已失去這小生命。

即使我在所有關於懷孕的書中都看過，流產是如何的普遍，但我仍然極度傷心和哀痛。雖然有些人未必明白我的感受，但我已經愛上那小寶寶了。就是現在我寫作時，雖已事過境遷，我有個健康的小男孩在樓上安睡，我還是會熱淚盈眶。這傷痛感覺是我之前從來沒遇過的。我無法解釋，而且這事對我而言，也不是完全合理。然而，它就是在那裏，並非你想它走便走。有些好人告訴我，流產其實是身體的一個機制，用來去除不成型的胎兒，這長遠來說也許是個祝福。我明白這些說話，而在知識上它們也似乎合理。可是，我必須要誠實：那並不令人感覺像個祝福。

我不單被哀傷勝過，而且對於能否懷有嬰孩的焦慮和擔心，更達到一個新的程度。這次流產增加了我的恐懼，而當醫生診斷出我的子宮有異常情況，那更令我的擔憂指數急劇上升。好心的人不斷對我說，下一胎就沒事了，可是，正因為我剛失去了一個小孩，我就明白這個真理：世事無絕對的。我知道那是一個他們無法兑現的承諾。如果我不能再懷孕，那怎麼辦？如果我的身體不能懷胎至生育，那怎麼辦？

在哀傷和擔憂之外，我舉目觀看，每每看到的都是不是的父母。那聽起來可能很可怕或具批判性，但卻正正是我的想法。店子裏都是一些年輕的孕婦，她們自己本身還是個孩子；到超級市場又常常看到為人父母者在我面前不恰當地吆喝孩子。我實在無法逃離這當中的不公平。我和丈夫結婚了，準備好了，我們全心全意教養一個愛耶穌的小孩，然而我們卻仍然——膝下猶虛。

雖然我那些充滿悲傷、憂慮和憤怒的故事牽涉失去，但你的故事可能截然不同。你的世界也許因千百萬種原因被撕裂——由婚姻失敗到財政困難，甚至受傷害的關係等。也許你同樣也失去了一個重要的人或珍貴的東西。或許你的丈夫或男朋友背叛你，你的母親或父親使你失望，你的同事或上司羞辱你，或者你被一個信任的朋友拒絕，至今仍未復原。為了抒解你的傷痛，你可能會從酒精、性、工作或食物中尋求解脫，而現在你卻被內疚和羞愧弄得更頹喪。另一方面，你被傷心、憂慮或憤怒的情緒覆蓋，自己也不知道為何。你**但願**你曾有一個故事，其中有一些事件或人物或情況，令你感到這樣的傷痛。你在這些情緒中感到迷失，並躊躇著，當你不肯定自己如何來到這裏，又如何能找得著出路呢？

在這一章，我會探索當我們被痛苦的情緒如憤怒、憂慮和抑鬱衝擊，如何能在完全中成長。當然，這些痛苦的情緒影響我們每一個——不論男女，然而，我會集中討論女性如何經驗這些情緒。我也會察驗容讓我們經歷這些情緒、視它們為信號或信息、並在痛苦絕望中尋得盼望和成長的重要性。我也會思考到何時去尋求專業輔導員、牧師或醫生的幫助。

真實面對你的情緒

在暢銷書《Ya-Ya私密日記》（*Divine Secrets of the*

Ya-Ya Sisterhood）中，主角這樣形容她母親的情緒：「媽媽不會思考；媽媽只會感覺。」[1] 這位母親患上精神錯亂，然而那句子只是反映了一個女性的共通點——女性是情緒化和不理性的。可能因著這非理性及過分情緒化的特質的負面通則，許多女性開始學習不表達自己的情緒。某些情緒，例如是憤怒，是尤其忌諱的。費希爾對女性對負面情緒的確認和表達上的偏見有這樣的反思：

> 一個理想或美好女性的形象，往往推崇忍耐、仁慈和關懷；憤怒在這樣的一個形象中是不能存在的。世人談到「憤怒的女性」均會態度輕蔑。女性的憤怒叫人感到受威脅，並且被標籤成欠女性化、不成熟、甚至歇斯底里。這些禁止女性直接表達憤怒的忌諱，令女性容易將這些憤怒內化，而不會冒險得不到認同，或者失去一些重要的關係。[2]

在上帝賜我們孕育關係的期盼中，我們也許會抑壓某些情緒。由於我們不肯定如何應付這些痛苦的情緒，可能會裝作從來沒有遇見這些情緒。更差的是，我們可能**無法**感受到這些情緒。

安妮（Annie）三十五歲，是我在輔導中的一名受助者。她的丈夫背叛她，她卻無法表達自己的憤怒。「我不知道為甚麼，或許我應該惱他的，」她告訴我，「可是我卻不。」這位女士正是有著各樣可以發怒的原因，而現實是，她的確感到憤怒。不幸地，她已把這憤怒內化，並為著她丈夫出軌而從各方面攻擊自己。除卻最後造成抑鬱症之外，這反映的問題是，安妮的憤怒本來可以是保護她免致在這段關係中加深受傷的工具。然而安妮卻被這「好女人」的形象困住，以致無法接觸到那種情緒，即使當其時這樣做是合理和合宜的。

安妮受到一些美好的基督徒領袖教導，知道我們的生命應該充滿喜樂，而不是挫敗。因著基督救贖的工作，我們已經勝過抑鬱、焦慮和憤怒。她的牧師有時會傳講對抗抑鬱惡念的道。安妮聽在耳裏，就認為其中的潛在意思是，倘若她是美好的基督徒，一直祈禱及尋求上帝，那麼她就不應感到憤怒、抑鬱或焦慮。安妮能夠抑壓這其中的一些情緒，包括憤怒，但她卻似乎未能處理抑鬱。縱她默想上帝的話語，祈禱尋求聖靈的引領，但仍然未見她的抑鬱離去。她無法勝過抑鬱，這叫她更感到內疚，加重了她的抑鬱。

在基督裏，我們誠然能夠勝過一切。與此同時，我們的世界是個破碎的地方，充滿罪惡和痛苦。而我們正正就是住在這破碎的世界裏。有時，只有憤怒、悲傷或憂慮才是對待周遭環境的合宜反應。我們在耶穌的生命中也看見，祂發現那些人把聖殿當作市場時：

> 耶穌就拿繩子做成鞭子，把牛羊都趕出殿去，倒出兌換銀錢之人的銀錢，推翻他們的桌子，又對賣鴿子的說：「把這些東西拿去！不要將我父的

殿當作買賣的地方。」（約二 15～16）

當耶穌面對我們這世界的破碎時，祂沒有極為憤怒，甚至失去理性。然而，祂也沒有因在聖殿發生的事而裝作快樂。祂沒有擺出一副快樂的樣子。祂沒有避開衝突。祂沒有裝作沒事發生。祂甚至沒有婉轉地請賣東西的人停止他們的行為。反之，擁有上帝完美形象的耶穌，直接向聖殿中的人表達祂的感受。祂在這些情緒中，表現得完全真實和可信。

同樣，當我們不再偽裝，而是開始真實地生活，我們就能夠榮耀上帝。上帝想要我們完全的真我——而不是虛偽的愉快臉孔。我們敬拜一位慈愛的天父，祂充滿慈悲，看見我們的痛苦，「你們要將一切的憂慮卸給上帝，因為他顧念你們」（彼前五 7）。在這篇章中，已假定我們會經歷焦慮，而上帝則溫柔地邀請我們將痛苦的情緒放在祂的腳前。

當我們虛假地宣告要時常喜樂，走過人生的旅程，我們就變得毫不真實。我記得在我流產之後，跟一個經歷長期不育及四次流產的朋友對話。「沒事的——我知道上帝會供應。」她說話時臉上仍掛著笑容。雖然我尊重和相信她的信靠和委身，但我卻感到有點不自然。當然她會對自己所走過的路感到一**點**甚麼似的。上帝當然會供應祂的兒女，然而，當我們的夢想遭到挫敗，生活變得破碎，還是會感到受傷的；這時，說這事令自己受傷是沒有問題的。曼寧（Brennan Manning）寫道：「信靠往往是發生於挫敗的另一端。」[3] 有時我們感到壓力，認為不能經過挫敗，就要直接達致信靠。當我們企圖避開痛苦的感覺時，就更容易捲進摧毀的行為，例如濫用藥物或濫交，那並不能解決痛苦，相反更會衍生問題。更甚的是，往往在絕望之中——或如聖約翰十架所說，靈魂的黑夜——我們的信心才能變得真實、深切和誠實。[4]

要與上帝建立真實的關係，其中要有真實的信心，我們必須誠實面對自己和面對祂。倘若我們隱藏怒氣、哀傷或焦慮的感覺，就無法到達那個境界。反之，我們需要相信，上帝以無限的慈悲看待我們，按著我們的本相愛我們——包括我們的感受及所有。舊約中詩篇給我們許多的提醒，我們無須在上帝面前止住自己痛苦的感受；相反，我們可以放聲痛哭，甚至在絕望中呻吟：

我要向上帝發聲呼求；
　　我向上帝發聲，他必留心聽我。
我在患難之日尋求主；
　　我在夜間不住地舉手禱告；
　　我的心不肯受安慰。
我想念上帝，就煩燥不安；
　　我沉吟悲傷，心便發昏。（詩七十七 1～3）

如果我們不確認及接納我們的感受——即使是一些我們但願沒有的感受——就無法成為完美的女性。也許擁抱你的怒氣、哀傷或憂慮的想法，會引致一些令人不安的懷疑。**擁抱那些感受，就是哀訴和抱怨我覺得如何差勁的密碼**。但當我們真實地擁抱自己的感受時，那就不是一個控訴，而是一種宣認——謙卑承認我們現時限制的真實情況。只有確認這不夠完美的感覺，我們才能開放自己，從中學習，並進到實際行動及新的成長。

其中一個我們可以透過痛苦情緒成長的方法，就是看它們為信號或信息。無法感到憤怒的安妮，也許能從怒氣的信息中獲益。那怒氣或許能告訴她，她忽略了自己的感受，她沒有給予自己作為上帝兒女應得的尊重，她值得接受愛和關懷。那可能可以警誡她，免她再次聽信那些虛假的承諾，更提醒她過去曾多少次作出那樣的宣告。若安妮聽到怒氣的信息，她也許就能保護自己，避過之後更深的傷痛。我不是說安妮在她丈夫不忠這事上有甚麼不對，只是倘若她能聽到怒氣的信息，她也許就能轉移她那潛在地的受害者角色，進而改變她自己的生命。

當我們被痛苦的情緒勝過，更值得聽聽它們要帶出的信息。詩人寫道：「你們應當畏懼，不可犯罪；在牀上的時候，要心裏思想，並要肅靜。」（詩四 4）當我們面對憤怒、焦慮或抑鬱，我們可以靜靜地檢視內心，問問自己可從中學習到些甚麼。上帝在這裏可能要給我一個甚麼信息呢？我並不是要提出一個簡單的因果關係，而是倘若我們聽到上帝的信息，認識自己犯了甚麼過錯，就能驅走痛楚。我將會在第十一章再詳細討論，聖經是充滿「如何」的例子，不論人們**為何**受苦。上帝透過那痛苦教導他們。我們不是要洗掉焦慮或傷感，而是要尊重和留心這些情緒。

有時我們無法在痛苦中聽到信息，是因為我們透過沉溺酒精、藥物、食物或性愛，抑制或使這些情緒的信號靜默。當我們慣於使用物質來減低傷痛，就取掉了成長的可能性。我們沒有聽上帝在我們的悲傷或憂慮或憤怒中說了些甚麼，卻只是用一瓶酒或一夜情來埋藏這些情緒。就如潘可寧（Cornelius Plantinga）寫道，上癮使我們得不著醫治，不能達致完全：

> 沉溺於追求完全、得著滿足、成為最好的信徒，就像是拜偶像。上癮就是把重要的屬靈氣質，將其能量傾注在物件上，這過程就會耗盡上癮的人，而不是充滿他。這樣，上癮者渴求的，不是上帝，而是超然同在；不是喜樂，而是歡愉——而有時只是單單逃離痛苦。[5]

雖然成癮行為可以提供暫時性慰藉，但它們不會帶來真正的愈合。除非我們允許我們的痛苦和我們說話，否則我們永遠不能從中吸取教訓。

我很蒙福，在我自己的經驗中，在流產之後，周圍都是支持我的人，他們鼓勵我誠實表達及忠於我傷痛的感受。我得著自由，可以感到焦慮、哀傷和憤怒，就能夠聽到這些情緒，並在當中學習。我個人的哀傷令我知道，雖然我喜歡說羣體及關係的重要，但我自己卻常常會獨自處理傷痛。可是，即使我希望可以在流產後自我痊愈，我卻做不到。流產後的幾日，我的學生在班上分享代禱事項，我就不自覺地哭起來了。自小學以來，我就從來沒有在公眾地方哭泣——主要是因為我的臉會變得嚇人、又紅又腫，那令我很尷尬。然而我卻在自己的班上哭泣，並收到一份禮物。身為互有關係的個體，我們在關係的背景中成長和得醫治，而那正正是發生在我身上的事。我的學生那天為我祈禱；坐在我旁邊的年青女子悄悄地把手放在我背上。那一刻，我能接受到學生的愛護和支持，就得著醫治了。透過我與那一班學生的關係，我接收到上帝充滿恩典、慈悲和溫柔的觸碰。倘若我裝作沒事，忽略哀傷中的信息，就會失卻上帝為我預備、叫其他人為我肩負重擔的恩典。

學習誠實面對我們自己的情緒，視它們為一些信息或信號，可以是一個痛苦的過程。然而這痛苦卻是位最好的老師。雖然它並不是我們會要求的老師，可是，我們大多數人都會看到，在痛苦的季節往往成長得最快。帕克．帕爾默在反思他稱為生命中的「秋季事件」時，他討論到在痛苦中成長：

> 回顧過去，我看到在自己的生命中一些當時未能看見的——那失去的一份工作，為要幫助我找到我需要做的工作；那「此路不通」的牌子，為要指示我往要到的地域；那令人覺得無法挽回的失去，迫使我辨識到我需要知道的意義。表面

上，生命似乎是缺少了些甚麼，可是，新生命的種子已經悄悄地大量播下了。[6]

當我們面對使人衰弱的情緒和景況，那生命中的「缺欠感」可以是頗壓倒人的。往往只有當我們走過那些痛苦的時間，我們才能回頭，看到「新生命的種子」得以在那些痛苦的時間和感受中播下。

痛苦的感受和情況改變和模造我們，因為「知道患難生忍耐，忍耐生老練，老練生盼望」（羅五 3～4）。這透過精煉的火的成長，是以基督教信仰為中心。要在基督裹成長，我們必須擁抱痛苦的季節，作為我們旅程的一部分，就如我們在基督的受苦中有份。上帝使用的所有人，均是受傷及有疤痕的，而在痛苦季節中的挑戰——以及在日常生活中的挑戰，倘若我們誠實的話——就是在絕望中找到盼望。

應對策略

雖然痛苦是成長的必經階段，但這不表示我們只能呆著，甚麼也不做地等待指引和靜候成長，以減少當中的苦難。雖然我們經過肉體創傷的痛苦來學習，但我們不會因服食抗生素或遵從醫生的建議而感到不悅。我們不單可從面對使人軟弱的憤怒、憂慮或傷感的經歷中學習，並可為此作一些事。當我們以實用的策略來處理複雜的情緒，或向輔導員或醫生尋求協助，這並不表示我們不夠信心，尤其是當這些情緒令我們在人際關係、職場或學校生活出現問題的時候，就更該正視處理。

「旅程上的工具」一節所滿載的介入方式，是我經常對正在艱苦地面對這類痛苦情感的當事人使用的。無論如何，我們面對憤怒、憂慮或抑鬱的其中一個最重要的步驟，是知道何時應尋求輔導和支援。問問自己下列的問題，以評估專業協助對於你是否最健康的下一步：

- 你是否差不多每天都帶著低落的情緒或感到過分憂慮，並整天都在擔憂？
- 你是否不能從每天的活動中感到快樂？
- 你的體重是否非刻意地減少或增加？或你的食慾是否有顯著改變？
- 你是否有睡眠的問題，例如難以入睡或睡眠不足？或你是否經常渴睡？
- 你是否差不多每天都感到疲倦或乏力？
- 你有否有恐慌症狀——經常感到強烈恐懼和不適，其中的徵狀包括心悸、冒汗、噁心、暈眩、胸口痛、顫抖、懼怕死亡等等？
- 你是否經常感到暴躁或肌肉緊張？
- 你是否差不多每天都感到難以集中精神、專注或作出決策？
- 你有否想過傷害自己或取掉自己的生命？

若你對上述三題或更多的問題回答「是」——或你的憂慮、抑鬱或憤怒正妨礙你的人際關係、在職場或學校表現——我會鼓勵你尋求輔導。視乎你的徵狀的嚴重性，你可能最適宜接受牧者、專業輔導員或心理學家、醫生、甚或綜合以上幾種的協助。若你的症狀在回應一件可以確認的生活事件，並不顯著地干涉你的觀能，那麼你最需要會見的可能是牧者或平信徒輔導員。當你在痛苦時需要有人與你同行、一同祈禱並支持你，那麼牧師或平信徒輔導員就正正是你首要所需。

可是，有時你或許會需要更多的支援：當你的抑鬱嚴重得使你的背部或胸口**感到**像被重物壓著；當你對工作、與子女玩耍、性愛、進食、甚或在早上起牀都感到提不起勁或興趣；當你的恐懼和憂慮嚴重到使你害怕離開家門；當你依賴藥物或酒精等物質來掩飾痛楚的感覺，使你在沒有這些物質的情況下不能自控；當你有恐慌症狀或出現幻覺，若你的憂慮或抑鬱如此妨礙你的生活，你可能感到絕望。好消息是**抑鬱和憂慮不適是可治愈的**。你為重新選擇生命可做的其中一個首要事項，是尋求專業治療的協助。由於抑鬱和憂慮徵狀可能是由潛在身體毛病所引起，因此看醫生也很重要。從研究中我們得知的其中一個結果，是抑鬱和憂慮常常與腦內被稱為神經傳送素的某些生物化學物有關。因此，你的醫生或治療師也可給你藥物治療。

若你不知道在你的社區中如何找一個又好又專業的基督徒輔導員，下列的基督教輔導組織有大量的轉介名單，可助你聯絡到一個社區治療師（編按：如讀者需要尋找合適的基督教輔導組織，可向教會的牧者查詢）：

- 美國基督徒輔導員協會（The American Association for Christian Counselors），網址：www.aacc.net
- 基督徒心理學研究協會（The Christian Association for Psychological Studies），網址：www.caps.net
- 新生命事工（New Life Ministries），網址：www.newlife.com

旅程上的工具

在此時此地實踐生活。脫離抑鬱和憂慮，重獲自由的第一步是學習活在當下。這表示我們不是要（透過酒精、藥物、性、食物等等）**逃離**當下。抑鬱常常涉及一種活在過去的感覺。當我們感到憂傷時，滿腦子會充斥著已破裂的人際關係，由做過或未完成的事所引起的個人失敗與罪咎等等的想法；這些都是已過去的事情。從另一角度看，憂慮迫使我們活在未來。當我們感到擔憂時，會被「假若」問題和恐懼的陰霾所籠罩；這些都是對於將來發生的事情的恐懼。

當你開始在情感中迷失，把自己拉回到現在。實踐這簡單的著陸練習：寫下你的感覺。問一下自己：**我感到甚麼？看見甚麼？聽到甚麼？嘗到甚麼？觸碰到甚麼？嗅到甚麼？**在這一刻尋找上帝，並邀請祂在此時此地與你對話。

勞倫斯弟兄（Brother Lawrence）是一位終日在其修道院的廚房清洗碗碟的修士，他寫了一本精彩的書，名叫

《與神同在踐行》(*The Practice of the Presence of God*)。[7] 在這本小書中，他教導我們如何使每一刻和每一下呼吸，成為向上帝的一次活生生的禱告。當你開始為活在當下而決意努力時，請閱讀此書並默想其表達的思想。

學習指導自己健康的思想模式。當感到憂慮或憤怒或抑鬱時，我們傾向自我增強相應的思想，而非指導自己去消滅它。例如，當我們為某事擔憂，我們的思想會傾向圍繞失控的可能情況。**若我在這測驗表現欠佳怎麼辦？若我不能升班怎麼辦？若我輟學並一直找不到工作怎麼辦？我的人生只有失敗並永遠不會快樂！**對每一個閃過的念頭考慮著更糟糕的可能。

當你察覺你開始增強自己的負面思想時，靜靜地提醒自己要**慢下來**。深呼吸幾下，並視自己為一名導師。作為一名導師，你會如何改變自己的思想？重溫第四章所述的思想陷阱，並辨別令你墮入自我增強的複雜情感的事情。列寫這些思想錯誤的源頭，並挑戰你自己的想法。

這不單可減慢和挑戰你的想法，你還能以上帝的話語取代這些想法。在筆記卡上寫出正面的經文，並把它們藏在可見之處，例如你的浴室鏡、冰箱門或汽車儀器板上。更好是熟記經文，使你可在感到失落時背誦出來。當我經歷失去時大大幫助我的一段經文，是耶利米哀歌三章 19 至 24、31 至 32 節：

耶和華啊，求你記念我如茵蔯和苦膽的困苦窘迫。

我心想念這些，就在裏面憂悶。

我想起這事，心裏就有指望。

我們不致消滅，是出於耶和華諸般的慈愛；

是因他的憐憫不致斷絕。

每早晨，這都是新的；你的誠實極其廣大！

我心裏說：耶和華是我的分，因此，我要仰望他。

……

因為主必不永遠丟棄人。

主雖使人憂愁，還要照他諸般的慈愛發憐憫。

我提醒自己我不致消滅，且祂的慈愛每早晨都是新的。

搜尋上帝的話語並找出與你、你的處境和你的感覺對話的經文。運用上帝的話語作為保衛你心的盾牌。當別人對我們說：「應當一無掛慮，只要凡事藉著禱告、祈求，和感謝，將你們所要的告訴上帝。上帝所賜、出人意外的平安必在基督耶穌裏保守你們的心懷意念。」(腓四 6～7) 我並非聽到一個有關憂慮的判斷。反之，我聽到一個慈愛的上帝賜下恩典與平安的應許，給予我們這些受傷與痛苦的心。

製作一個成長時間表。提醒自己如何在痛苦的季節中成長的其中一個最佳方法，是真誠和決意地審視一次自己的生命。利用一大張紙，從你的童年開始，記下重要的事件、回憶、困難、改變。不過，注意當你回到每個傷口的根源而不再感到那些傷痛——甚至當你已看到因為這些傷口而得的成長——幾乎是不可能的。很多治療師喜歡對當事人說，在感到好起來前會先感到更糟。無論如何，你實在會好起來——因為即使審視過去的傷口會帶來痛楚，它亦可提醒你自己是誰，以及你如何走到這全新和更好的景況。

若你已因被虐待、拒絕、忽略或失去等悲劇而崩潰，且若你從未回到過這些傷口，我會鼓勵你在輔導員的協助和支援下這樣做。雖然這會帶來痛楚，但回到這些缺口是值得的，因為你可為自己已經過渡而歡喜快樂。你不再是周遭事件或環境的受害者，而是上帝的奇妙女兒，正在不斷的成長和改變。

在製作個人成長時間表時，你就可以看到，上帝如何使用痛苦的景況來模造你和令你成長。如果你被現時的痛苦壓得灰心喪志，你可以看看你的表，提醒自己「那在你們心裏動了善工的，必成全這工，直到耶穌基督的日子」(腓一6)。這不是代表上帝**製造**那些痛苦的情景來教導你，這個表可以幫助提醒你，上帝能在破碎的器皿中做美麗的事。

探進治療師的工具箱。在這些深層次的介入以外，我有時會給當事人幾項實用的建議，幫助他們處理焦慮、抑鬱或憤怒。以下就是每項介入方式的撮要：

為你的憂慮(或悲傷、憤怒等)定個時間表。是否曾有人對你說「不要擔心，盡情快樂」? 又或者是否有人在你敞開心扉，傾訴焦慮心情後，就說「你只需放鬆一點」? 如果有的話，你也許會像我一樣，想給那個人狠狠的一拳。可是，身為一個靈性美好的姊妹，你可能只是微笑一下，點點頭而已。這些回應令人覺得沮喪，原因明顯不過，就是如果你可以單單「開心快樂」或「放鬆」的話，你也會這樣做。問題是，你可以**如何**做到呢？那就是價值連城的題目。

學習放鬆可以是一項技能，而其中一個學習這種技能的方法，就是為你的憂慮（或其他痛苦的情緒）安排一個時間表。事實上，無論任何人跟你説些甚麼，你也是會憂慮的，那倒不如把它安排到你的日程裏面。給你自己十五分鐘，甚麼都不做，只是單單感受焦慮、抑鬱或憤怒。當你發現自己整天都焦慮或抑鬱，提醒自己那天較後時間已和憂慮有約。這樣，你內裏就能有個容器，盛載你滿瀉的情緒。雖然這不是萬試萬靈，但當你被焦慮重壓，這可以是極好的第一步。當你看到你的憂慮減少了一些，你就能嘗到成功的滋味，沒有任何事比起你自己的進步更加能振奮人心。

把你的感受記下來。處理痛苦情緒的其中一個好方法，就是在日記上寫下你的感受。寫寫你的一天。寫寫發生過甚麼事，以及你有甚麼感受。通常當我們把事情記下來，就能整理好我們的思緒，這不是單單想想或説説就能做到的。寫作要求我們專心致志，幫助我們以局外人身分，客觀地審視自己的感受和問題。藉著日記簿的幫助，你也許就能夠為老舊的感覺和問題，找到全新的啟示或解決方法。

參與愉快的活動。這是解決非常困難的問題的一個簡單的策略——抑鬱的人不會參與任何愉快的活動。所以，其中一個方法幫助你經過那些痛苦的感受，就是辨識出哪些是愉快的活動（例如和朋友喝咖啡、泡個暖水浴、溜溜狗、欣賞日落等），然後定下目標，每天要做幾項愉快的活動。

幫助別人。雖然這與那「所有利他主義的行為在本質上都是自私的」的信念不謀而合，可是沒有甚麼事比起進入別人的痛苦，更能叫我們走出自己的情況。找個方法去幫助有需要的人，為別人做些事。探訪安老院、在露宿者之家當義工、與你的牧者一起往醫院探訪病人、為處境困難的兒童補習。這些行動加上那些接受的人，或許可以幫助你重整你自己的經驗。

做一些輕鬆的運動。如果你因焦慮或抑鬱掙扎，可能會有人對你說：「這只在乎你怎樣想而已。」事實上，與這錯誤及具傷害性的觀點相反，焦慮和抑鬱是我們全人——身體、心思和靈性——會經歷到的問題。當我們的身體感到焦慮和抑鬱時，有時候，我們可以做而又最有效的方法，就是把心思和身體融合在一起。而其中一個這樣做的好方法，就是運用我們的心思，透過輕鬆的運動，指導我們如何慢下來，好好休息。

雖然有很多好的書籍和網站也有講述如何做放鬆的練習，但開始時，你可以先做一些深呼吸練習。躺下來、閉上眼睛，由肚子裏呼出和吸入幾下空氣。為確定你在正確地呼吸，放一隻手在胸口上，另一隻手放在胸骨以下的位置。在你呼吸的時間，看看哪隻手升上來，哪隻手沉下去。在你作腹式深呼吸時，放在胸骨以下位置的手應該會有起伏的。雖然這種深呼吸起初會比較困難，但是練習多了就會熟習，而且這種深呼吸也是放輕鬆的關鍵。為了繼續你的放鬆練習，作腹式呼吸時，同時緩慢地數三下，然後把氣吐出來時，亦同時要緩慢地數三下。當你繼續你的放鬆練習，認識你身體上的每組肌肉。練習收緊然後放鬆每組肌肉。放鬆練習能幫助你安睡，減卻壓力，也有助舒緩部分情緒病癥。

憤怒、抑鬱和焦慮是痛苦的。它們實在太令人痛苦了，以致我們會忍不住嘗試抑壓或漠視它們。然而，除非我們認定這些情緒的存在，察驗它們所帶出的信息，並且從中學習，否則我們就無法在當中成長，成為完全的女性。有一次，我與另一位治療師一同主持小組，在參加者進入房間時，她送參加者每人一朵玫瑰花，並告訴他們：「最困難的部分就是出席而已。」如果你正在看這本書，代表你已經準備好要實際做點事了。你能找出力量去跟從「旅程上的工具」內的建議，或有勇氣去向一位輔導員尋求幫助，這就反映出你內在的力量了。所以，勇敢一點，得著激勵吧，「只是出席」，上帝就要透過你的憤怒、焦慮或抑鬱，令你成長。

註釋

1. Rebecca Wells, *Divine Secrets of the Ya-Ya Sisterhood* (New York, NY: HarperCollins, 1996), 112.

2. Kathleen Fischer, *Women at the Well: Feminist Perspectives on Spiritual Direction* (New York, NY: Paulist, 1988), 176.

3. Brennan Manning, *Ruthless Trust: The Ragamuffin's Path to God* (New York, NY: HarperCollins, 2000), 77.

4. 見 *Dark Night of the Soul*, trans. Mirabel Starr (New York, NY: Riverhead Books, 2002)。

5. Cornelius Plantinga Jr., *Not the Way It's Supposed to Be: A Breviary of Sin* (Grand Rapids, MI: Eerdmans, 1995), 131.

6. Parker Palmer, *Let Your Life Speak: Listening for the Voice of Vocation* (San Francisco, CA: Jossey-Bass, 2000), 98～99.

7. Brother Lawrence, *The Practice of the Presence of God* (New Kensington, PA: Whitaker House, 1982).

6

永遠自覺不足

建立健康的自我形象

在我們敬聽上帝的話的同時，

常常忽視了祂對我們說的第一句話——

祂賜自我給我們：

我們的存在、我們的氣質、我們的個人歷史、

我們的獨特性、我們的缺憾和弱點、我們的身分。

我們的存在，就正正是其中一個獨特的方法，

上帝選擇在時空中彰顯自己。

由於我們都是按上帝的形象所造，與祂相似，

因此，你我就是祂向宇宙許下的應許，

祂將繼續愛護和保守它。

曼寧

《毫不留情的信任》

（*Ruthless Trust: The Ragamuffin's Path to God*）

我很蒙福，因我與母親的關係十分密切，雖然這在我的青少年時期並沒有表現出來。作為一個十五歲的孩子，我不明白怎會有像媽媽這樣守舊的人，而我相信我

曾不止一次這樣告訴她。但與此同時，我卻又可以和她談男孩子，談衣著，談信仰，無所不談。由踏入青春期開始，我們的關係變得愈來愈好。直到現在，我們仍舊談論衣著和信仰，也談怎樣平衡事業與家庭，討論怎樣當一個好妻子、好媽媽，也會談及園藝和寫作。我開始寫這本書的時候，媽媽就對每一個細節都很關心。在所有章節中，她對這一課特別感興趣。當我告訴她，有許多女性都不懂得欣賞自己，或根本看不清楚自己是上帝所愛的兒女，媽媽就說：「這正是我！」在媽媽同意之下，就讓我在此告訴你們關於她的點滴。

媽媽既聰明又幽默，美麗且富同情心。她會彈琴，也是一個才華橫溢的作家。她是個慈愛的母親，同時也當了我爸四十二年的賢內助。憑著嚴謹的職業道德操守和合適的技能，沒有大學學位的她，待四名子女入學後，成為一個成功的商業貸款代理人。媽媽的屬靈生活也很自律，她每天早上在廚房讀聖經的畫面，激勵我要對上帝專心一致。

如果你與我媽媽見面，問她關於她的事，你將不會聽到這些成就和特點。她或許會告訴你關於她的丈夫、她的孩子，尤其是她的孫兒們的事。如果你說：「好了，告訴我關於**你**的事吧。」然後，她很可能會表現得為難。如果你進一步問及她的長處，那會使她更感吃力。但是，如果你叫她講講她的弱點和短處，她卻能娓娓道出。就像我們所有人一樣，我的媽媽不是完美的；但她是個按照上帝形象所造的女性，擁有獨特的專長、天賦和才能。

三十七歲的卡倫（Karen），是我在輔導抑鬱症案件時遇到的女士，她也受著自我形象低落的困擾。卡倫是一個全職媽媽，每天都留在家中做一些既必要但枯燥的家務和照顧孩子的工作。雖然，留在家照顧孩子是卡倫的選擇，但她為這個選擇感到不安，尤其是與其他在職媽媽一起的時候。由於卡倫感到自卑和不稱職，她常常擔心其他人會看不起她，覺得她守舊，不能兼顧外面的工作。即使卡倫在高中時曾經當選為致告別辭的學生代表，也未能有助她擺脱信心不足的感覺，她甚至將那成就矮化，說成是老師們當時隨便的決定。無論作為母親或妻子、朋友、鄰居、教友，卡倫都常常質疑自己的決定。像我們一樣，卡倫都渴望被身邊的人所愛和接納；但同時，她不由自主地覺得自己不值得被愛和接納。不論做甚麼事，卡倫都覺得自己不夠聰明、不夠幽默、不夠漂亮、不擅交際、招呼不周……等等。即使卡倫是個虔誠的基督徒，熱心投入教會，她就是不能相信自己是按照上帝形象所造的，是一個擁有獨特天賦和才能，且受人喜愛的人。

人要步向完全的路，就必須先修補與自己的關係。「救恩的目的，在於把破碎的成為完全。基督徒的屬靈旅程，應以達致完全為目標。」[1] 有時，那些所謂「破碎的」，就是我們的自我概念。正確點來說，人都是帶有原罪的，但我們畢竟是上帝所造，也是耶穌基督以愛所救贖的。上帝賜予每個人獨有的天賦和才能，但有些人，就如我媽媽和卡倫一樣，難以**相信**上帝創造我們、認識我們，按我們的本相愛我們。正如有些人在與上帝或與人的關係上出問題一樣，我們中間有些人也會在與自我的關係上遇到困難。

上帝照著自己的形象造人，而我們的受造是「奇妙可畏」（詩一三九 14）。要重新探究、接受自己是上帝所造的獨一無二的女人，並為此高興，不是一件自誇或是放任的事；是不同於吹噓或炫耀個人的成就的。耶穌的教誨中，確切地叫我們要「愛人如己」，就是要我們愛別人的同時也要好好愛自己（太二十二 39）。曼寧這樣寫道，「我們只要忠於自己，就是榮耀上帝了。」[2] 如果我們連自己都不認識，又怎能透過忠於自己來榮耀上帝呢？不幸地，很多女性都對這個上帝創造的自我，缺乏了解和不懂欣賞。

在這章裏，我將會探討甚麼是自我形象，研究它是甚麼和不是甚麼。很多女性得不到父母、朋友、伴侶，甚或自己的認同。我們在成長的環境中得到很多信息，這些信息影響我們怎樣看、怎樣想自己，以及對自己有怎樣的感覺。所以，我將會探討人際關係、文化和教會對自我形象的形成所擔當的角色。此外，我也會研究基督的一生，並且透過祂對女性救贖及加力的事工，挑戰你重新認識自己，以及想想如何回應這位按祂形象造你的上帝。

學習愛上帝所造的你

最近去過朋友所屬的教會，該教會的牧師批評那些以基督徒自我成長為題材的書籍愈來愈普及，認為這類書籍會令人背離上帝，走向自戀。當你想到要建立「健康的自我形象」時，你也許會有同樣的考慮。究竟「自尊」是否自我陶醉和自我中心的代名詞？

自尊不是一個貶義詞，也不等同自私，自我形象只是我們如何看自己、想自己，和對自己的感覺。有些人自我形象膨脹，把自己的優點放得太大；有些人自我形象過低，則會過分貶低自己。在這次研究過程中，我發現女性較容易傾向自我形象低落。[3] 縱然如此，上帝也不要我們對人對己太嚴苛、太挑剔。繆桃（Susan Annette Muto）在她的書中這樣說：「當我愛自己的時候，就是愛原原本本的自己。以有限的能力成就無限的喜樂。以有原罪之身超越罪惡的誘惑，以達致無限。這就是我們所有的奇妙恩典，我們要尊重的內在本質。」[4] 要步向完整，就是要接納、甚至去愛上帝所造的你。

健康的自尊不會過分高昂或低落。我的好朋友謝利（Shelley）是一個擁有健康自我形象的好例子。謝利清楚知道自己是上帝所愛的，相信自己有內在價值。她不認為自己完美，她知道自己的弱點在哪，同時也清楚自己擁有獨特的長處和才能。有人批評她時，謝利不會抗辯。相反，她會接受意見，與所認識的自己作比較，然後她會忘記那些不實的信息。另一方面，她會虛心接受真心的批評。謝利不會以自貶來開玩笑，也不會故作謙虛來換取或要求別人的讚美和獎勵。謝利了解人人的看法都有所不同，她不會為此感到不安。即使她喜歡受人愛戴，但她不會刻意要求別人的肯定。這不代表她漠不關心，相反，就因她不把心力浪費在保護自己、自辯和討好其他人上，她可以做好上帝交託她做的事。

就如所有人，謝利並不完美。她會犯錯，也會把事情弄糟。她也會令別人難受，又有時對事情反應過敏。但到最後，謝利其實很清楚自己的本質，也因自己在基督裏的身分感到安全。我們是怎樣和謝利一樣，去到一個處境，在尊重和愛護自己的同時，也會質問自己，對自己存有懷疑。我們與她一樣嗎？在成長過程中，我們從多方面學習對自己的看法、想法和感受，現在就看看其中三方面。

我們的人際關係。上帝照祂的形象造了我們，給我們獨特的個性去建立人際關係。而在人際關係的處境中，我們最能學習認識自己。在發展心理學研究（developmental psychology research）當中發現，人們於孩童時期與父母或褓母的關係，對於我們日後對自己的看法、想法和感覺，有深遠的影響。依附理論（attachment theory）建基於人要生存就必須與人建立關係。根據這理論，如果父母冷漠或反覆無常，嬰孩就會轉為依附他的褓母或照顧他的人。這個對象不單提供了一個安全島，讓小孩從這裏向外探索環境，也作為小孩遇到危險或恐懼時的避難所。最近我就在機場看到了一個活生生的演繹。一個母親和她一歲大兒子在等候上機。男孩在走廊上走著，每隔數分鐘都停一停回頭看看，與媽媽對望一下，然後自顧自地在他認為的「安全範圍」內繼續探險。

又過了幾分鐘，男孩不小心跌倒了，他就立即轉身跑向媽媽——他的避難所——尋求安慰。

兒童在成長中，對照顧他們的人的安穩性和可靠性，憑反覆體驗建立信念和期望。心理學家將這套信念和期望稱為兒童對依附關係的**內在運作模式**，而這包括了自己和其他人的模式。所以，如果機場那男孩的媽媽一向都很疼愛他，他就會發展出一個「慈愛的**母親**與被寵愛的**兒子**」的內在運作模式。[5]這個內在運作模式成了建立自尊的最早期藍本，因為它記載了我們對自己的感覺和想法，還有我們能否在各段關係中滿足我們的需要。

內在運作模式起始於孩提時代的經驗，並隨著時間鞏固或改變。以前一個叫卡倫的當事人，有五兄弟姊妹，父親很挑剔，卻又常常不在家。雖然卡倫的父母其實都愛她，但她媽媽患有抑鬱病，心理和生理上都不能時常照顧她。這些經歷，在卡倫的心裏建立了「反覆無常的父母，冷淡對待不值得被愛的孩子」的內在運作模式。隨著時間流逝，她父母的表現更鞏固了她這想法。讀小學時，卡倫拿著一等的成績單自信滿滿地跑回家，她媽媽卻沒有看一眼，令她到現在也記得當時那種羞愧和失望。卡倫對自己說：「**我應該可以做得更好**。」「**如果我聰明一點，我媽應該會更愛我**。」有時，其他人的說話也會直接影響卡倫對自己的看法。例如，她爸爸曾這樣批評她的身形和體重：「卡倫今晚不要吃甜品，因她已經夠『珠圓肉潤』了。」從此，卡倫相信如果她瘦一點，則多一點吸引力，她爸爸應該會更愛她和以她為榮。卡倫的自我形象不但受成長中所聽到別人的話影響，也受**沒**聽到別人的話所影響。縱使她的父母在有限的資源下盡力愛錫卡倫，但他們沒有正面表達出來。

當然，卡倫對自己的看法、想法和感覺，不單受她父母影響；她與老師和朋友的關係，以至跟愛人和孩子的關係，也影響她的自我形象。然而，孩童時期所受的創傷會留下烙印，並保存至往後的人際關係中，所以每個人的童年經歷是很重要的。在卡倫的內在運作模式中，她把自己標籤為不值得被愛，而且不能從人際關係中滿足情感需要的人，這影響了她對父母和身邊的人的表現和期望。她認為自己不值得被愛，形成了她對人際關係的看法。她覺得自己不夠聰明漂亮，又不夠熱情外向，其他人都不會喜歡她和接受她。雖然卡倫跟所有人一樣，都渴望被愛和被接納，但由於她認為別人不會因為她的本質而喜愛她，她會努力去做一些事去達到這目的。當她表現友善和幫助別人時，人們就似乎會喜歡她，這更令她確信，要別人喜歡，就必須討好他們。

我們的人際關係從多方面影響我們對自己的看法、想法和感覺。我們在與父母的關係中發展出一套自我形象的信念，隨著時間，透過與其他人的關係，保留或鞏固這些信念。卡倫由童年時就開始覺得自己不值得被愛，所以努力去討人歡心。可惜，她太在意成為一個人見人愛的人，漸漸忘記了自己的本質。結果，她常要從身邊的人口中去得知和肯定自己是一個怎樣的人。就這樣，在渴望愛與被愛的同時，卡倫遺失了在一段真摯的關係中最寶貴的禮物——她自己。

當我們要從身邊的人口中得知自己是誰時，我們會要求他們把我們的想法、感覺和能力都鉅細無遺地說出來，並作出完美的分析，藉以表達對我們的愛。倘若他們不能夠或不願意這樣做，我們會感到憤怒或難過。但要別人準確地說出我們的所思所想著實是不可能的事，恐怕只會換來失望。難道我們要求他們擁有上帝般的能力嗎？

在這一生中，只有上帝完全愛我們、知道我們（林前十三 12）。其他人不能、不會、也不應該做得到。我們的伴侶、朋友和母親都會好好地愛我們，肯定我們的長處，提醒我們是上帝的兒女，協助我們看到上帝所創造的我們，和基督所知道的我們，但我們只有透過上帝才可以看到真正的自己。作為凡人，我們注定在人際關係中受到傷害和感到失望，正如我們會在關係中傷害人和令人失望一樣。只有上帝才可以毫無保留地愛我們，要放棄要求其他人做到這一點，我們才能找回真正的自我。當我們無條件地愛上帝和接受祂的愛時，我們才能無牽絆地愛別人。

我們的文化。在成長中，除了人際關係影響我們自尊的發展外，我們的文化環境也教我們作為女性的，應該怎樣在社會中自處。每次我在課堂上講及兩性關係時，我都會播放當代民謠歌手威廉斯（Dar Williams）所唱的〈當我還是小男孩的時候〉（“When I Was a Boy”）。

歌曲講述威廉斯小時候玩至滿身泥濘，赤膊騎單車，又在樹上爬來爬去，那無拘無束的生活。每一次聽畢，班上總會有幾個女孩子舉起手，興高采烈地和應著説自己小時候也活像個男孩子。在歌曲的最後一節，威廉斯描述了她男朋友對他自己小時候的回憶：

當我還是小女孩的時候，我和媽媽常常談天説地
我最愛採花，走到哪就採到哪
那時我想哭就哭；現在即使獨處時也都不能哭
又少了一些愛心
但我總算，也曾是一個小女孩[6]

這個男生描述了一些女性獨有的特質，包括懂得欣賞自然之美，有豐富的感情，並會與人分享。你想我的男生們又會否舉手分享自己有類似經歷？絕少！即使他們真有這樣的經歷，我們的文化會令他們羞於啟齒。例如，當女孩子可以自豪地說自己小時候是「男仔頭」一名，男孩子又可以怎樣説呢？就說他們小時候都很女性化、「娘娘腔」？我們的文化告訴我們，寧可男性化一點也不要「娘娘腔」。所以，女生可以大聲說她們有多「男仔頭」，但表現女性化的男生就會被投以奇怪的目光。

成長中，我們看到女性的價值不斷被貶低。即使我們的國家在男女平等方面有頗大的進步，大學女畢業生的薪金都只是大學男畢業生的百分之七十三。在同一個行業，只有一半同齡和擁有相同學位的女性，獲得男性

在同一職位百分之八十七的薪金。[7] 女性也傾向做一些較低微的工作，所以生活在貧窮線下的女性比男性多出一倍也不足為奇。[8] 我們的社會以金錢衡量一個人的價值；不幸地，這一點正正在告訴我們男人是比女人重要的。

同樣對女性有著負面影響的，就是社會對美貌和性的追求。在第七章，我會探討社會對美貌的注重令個人對自己身形要求的影響，繼而嚴重影響一個人的自我形象。當卡倫的爸爸在她小時候批評她的身形時，她發現自己跟雜誌、電視和電影裏的女人差太遠。往往來自這些不現實並所謂完美女人的標準，並被一種只重視女性的外表和性象徵的文化價值觀包圍下，女性常常自覺不足和自我形象低落。

我們都是生來有罪的凡人，因為文化的傳承，我們發現兩性之間有著嫉妒、猜忌和憤恨。女性會為了自己不是男人而無法在職場走上高位，更要被男同事評頭品足而感到洩氣。另一方面，一間公司為了實行男女平等而請了一個女人來填補空缺，那本來要升職的男人又會感到很不憤。這些現象帶來了兩性之間的角力。上帝創造男人和女人是要他們和諧共存。自尊的建立不應靠鬥爭或貶低對方，而在共同創造一個和平公義的社會，令男人和女人的長處和才華都被接納和欣賞。

我們的教會。我們從文化和人際關係兩方面，學會怎樣評價自己。而教會，對於很多女性來說，都是學習這課題的地方。卡倫成長時被父母傷盡自尊，她就轉向教會，希望從中獲得安全感和鼓勵。這顯然是耶穌建立教會的目的：就是給破碎、失落、犯罪的人提供一個希望、愛和接納的避難所。卡倫從小知道要成為一個討人喜歡的人，所以在教會裏她會特別留意一些被讚美的女人。卡倫形容，那個女人不愛出風頭，文靜而且謙虛，是一個持家有道的好妻子、好媽媽。她和藹可親，而且熱心助人。卡倫不知不覺間，以成為這個「典範」為目標，而偏離了原本上帝所造的，那獨一無二的她。

在第一次輔導課時，我請卡倫形容一下自己。顯然，她在教會所學的，影響了她的答案。她認為如果集中談及自己的才能會顯得自大和自我中心。她不只覺得自大是罪，還覺得我會因此而不喜歡或不接受她。當教會不經意地鼓勵這種「不誠實」的謙虛，把女人的自信看成自負，造成了道德的雙重標準。「擁有自尊是男性的特權。當一個男人志氣高昂，讓全世界知道他自信滿滿，會被認為有健康的自我形象。但當一個女人有相同的舉動，就會被認為是自視過高和傲慢的表現。」[9]當我們未能說出自己是一個怎樣的人、喜歡甚麼和有甚麼長處時，我們並不是在表現基督徒應有的謙遜。反而，這顯示了我們未有管理好上帝給我們的恩賜——我們獨有的特質。

我們不單從在教會中備受肯定和讚賞的女性身上得到啟示，也從女性在教會中的活動和所擔當的角色，獲得重要的信息。在我十一歲發生的一件事，成為我媽最津津樂道關於我的一件兒時往事。那年我家搬到一個新地方，我媽問我喜不喜歡剛參觀過的那間教會。「我不喜歡那裏，」我答道，「因為在那裏，女孩子只可以幫忙派果汁。」每次說到這裏，我媽總會告訴其他人，我從小就是女權主義者。但其實這個現象在很多教會也很普遍。當女人只可以在一些被界定為女性的工作中表現自己的長處時，教會中一半的人因而喪失了原有的恩賜。如果我們想從教會中知道自己是怎樣的人，和應該做一個怎樣的人，我們可能會被誤導，因為教會也是由一班破碎和墮落的人所組成的，就像你和我。要知道基督怎樣看待女性以及祂呼召我們作甚麼，我們必須了解基督的生活，和探究祂帶給女性的信息。

耶穌和女性

基於猶太律法和習俗，耶穌那時期的女性，在社會上都沒有甚麼權利，亦得不到甚麼尊重。當時的女性不能繼承產業、進行奉獻、閱讀猶太教的律法書（Torah；編按，亦可譯作「妥拉」）、背誦祈禱文、或進入聖殿的內室。[10] 人若賣女兒作婢女，婢女就要一生為僕，不可像男僕那樣，六年後被釋放（出二十一 7；利二十五 40）。希伯來文中的「丈夫」（“*ba'al*”），正是「主人」的意思，男人更可把妻子列入為財產（出二十 17）。

耶穌卻通過說話和行動，提供一個截然不同的信息，以表達女人的重要性。由祂還是胎兒開始，到祂為世人所認識，以至復活，祂都以女性為**先**。在一個父親或丈夫有權剝奪女性宗教權利的父系社會，上帝並沒有親自告訴馬利亞的父親或約瑟，有關耶穌將會降生的消息，而是派遣天使直接告知年輕的馬利亞，而**她**，亦欣然接受了，「照你的話成就在我身上」(路一 38)。而當耶穌準備告知世人祂作救世主的目標和身分時，祂沒有選擇與彼得和其他男性門徒分享這喜訊；反而與一個被猶太教祭司視為不貞潔的撒馬利亞女人傾談時，首次表明了彌賽亞的身分(約四 25～26)。耶穌被釘十字架和被埋葬後，祂復活了。但祂並不是在祂至愛的門徒約翰面前出現，而選擇了一些婦女。在一個女人尚且不能為司法程序做見證的猶太人社會裏，耶穌卻委託這些婦人作為祂復活的見證——她們就是第一班福音使者(約二十 11～18；太二十八 8～10；可十六 9～11)。[11]

耶穌不像其他男性和猶太教祭司那樣，祂給女性尊嚴、尊重和愛護，超越了文化習俗中既有的觀念：

> 耶穌見到那些被忽視的女人——那些個子小小的灰色身影，要讓自己毫不起眼，何時何地都能混入人羣中，無論面對任何痛苦都只有啞忍，把自己當是一粒微塵，在世界邊緣掙扎求存的人。耶穌卻注意到她們，知道她們的需要，並在一個突破性時刻，把她們救回舞台中央，以永恆的光輝照耀她們，賜予她們永生。[12]

耶穌重視女性。一個受助者的經歷提醒了我，耶穌重視女性這個事實的力量和重要性。這個女士參與了一個為期一星期的會議，這段期間她與另外四個女士被編為一組。每次大會過後，她們都要回到自己的小組裏。回來時她跟我說：「在一個四個人的小組中感到迷失，令我驚訝。」我細看耶穌基督的一生，發現上帝並不容讓我們在人羣中迷失自己。在我們感到渺小和不重要時，祂都看到和重視我們。

耶穌沒有漠視或貶低女性，也沒有高舉當時猶太教的父權。相反，祂更公開地向她們傳道，在婦女院中教導她們（路二十一 1～4）。無論是旅遊伙伴或門徒，耶穌都歡迎女性加入（路八 1～3），又把可憐的寡婦形容為信德的典範（路二十一 1～4）。[13] 祂講的道理如果涉及男性的形象或活動，祂必定也說一個以女性為中心的故事，讓姊妹容易投入和明白當中的道理。雖然猶太法律容許一夫多妻，但耶穌卻教導男人要專一於一個女人，並強調婚姻中雙方的責任和義務。[14]

在那個年代，男性都拒絕觸摸女性，甚至不容許女性把零錢放到他們手上。耶穌卻不只教導女人，還觸摸她們。[15] 耶穌觸摸女人以治愈她們，包括一個腳跛了十八年的、他稱為「亞伯拉罕的女兒」的女人——即使那時候不會這樣說，只會說「亞伯拉罕的子孫」（路十三 16；十九 9）。更震撼的，是耶穌向她們表達的愛和尊重，大得令**她們**自覺可以觸摸**祂**。耶穌甚至讓一個在路加口中是罪人的女人，容許這女人的淚水弄濕自己的腳，並用她自己的頭髮抹拭，讓她親吻自己的腳和在腳上塗香膏（路七 36～50）。

在福音書中有六百三十三章中記載，耶穌提及女性，一次又一次挑戰當時文化對女性的負面形象，並為女性帶來新的愛和希望。其中幾個帶有負面信息的章節裏，我們就耶穌對女人的看法有更深入的了解。例如，耶穌曾責備馬大只顧著在廚房裏忙，而沒有像馬利亞一樣坐在祂的腳前聽祂講話（路十 38～42）。即使習俗上婦女不能學習律法，耶穌卻告訴馬利亞她作了一個上好的選擇。又一次，耶穌走進人羣，眾人中一個婦人大聲說：「懷你胎和乳養你的有福了！」耶穌回應她，那是帶有上帝形象的角色，多於作為母親的角色。耶穌說：「是，卻還不如聽上帝之道而遵守的人有福。」（路十一 27～28）婦人回應了耶穌的信息，成為了最忠實的信徒，在十字架下站在羅馬士兵當中，並在安息日後的清早走到耶穌的墓前。

我們要像耶穌看我們般看待自己，相信自己是值得被尊重和被愛的人，並要小心避免掉進覺得自己總是不夠好的陷阱中。這在聖經中已預示，「如今，那些在基督耶穌裏的就**不定罪**了」（羅八 1，粗體字為作者所強調的）。當我們因為害怕表現自大，或相信那些缺點就代表我們，而過分強調自己的過失時，我們是為自己判刑，是不尊重上帝的表現。耶穌對男女都一視同仁，鼓勵女性用行動追求改變。健康的自我形象不等於自視過高，反而，能從耶穌的眼中清楚看到自己的弱點和過錯。同時，我們亦不會把注意力集中在那些弱點和過失上，而忽略上帝賜給我們的長處和才華。我們要知道我們的身分——上帝照著自己的形象所造的兒女，並被基督的救贖恩典拯救——我們才可以誠實地面對自己。

旅程上的工具

對於那些一向自我形象低落的人，要走向接受自己的路似乎不大可能。我們經過一段長時間的歷練，才形成今日對自己的看法。要學習對自己仁慈一點，不是一時三刻做得到。但上帝要我們看自己如同祂看我們，以下的建議能助你起步去「了解原本的自己之外，還透過恩典看自己」：[16]

增進對自己的認識。要建立健康的自尊，就得由認識自己開始。去認識自己吧！在你的日記裏回答以下問題：

- 你是誰？在日記裏寫下你聽到這個問題後首先想到的二十個字。
- 如果我問你的配偶或好朋友，他們會怎樣形容你？列出首先想到的十個字。
- 當你的自尊正處於低落的水平時，往往會不自覺地在日記寫下很多負面的性格特徵。要指出自己的弱點太容易了。現在請你再打開日記，就之前每寫了一個負面的性格特徵，你就得寫兩個中肯或正面的性格特徵。你的弱點並不等於是你。你也有你的天賦、才華和值得欣賞的性格。
- 你喜歡做甚麼？你有甚麼消遣和興趣？請說出最少五項消遣或興趣。

- 上帝賜予你甚麼才能？你擅長做甚麼？請形容你最少五項長處。

反思了自己是誰、喜歡和擅長做甚麼後，就得把握機會，做好作為上帝兒女的身分。如果你喜歡騎單車，這星期就儘量安排騎一次單車吧。如果你熱愛寫作，就騰出時間做自己喜歡的事吧。如果彈鋼琴、行山或打壘球是你的興趣，就找時間參與這些活動吧。設定目標，並在目標達到時慶祝一下。另外，要好好利用自己的才華，和抓緊發揮所長的機會。如果你喜歡教學，就在自己的社區中或在教會裏看看是否有用得著的地方。或許你不喜歡站在很多人面前教書，而只喜歡聆聽和鼓勵別人，那你可以考慮用這恩賜成為少年領袖或參與「大姐姐計劃」，與年輕人建立良好關係。若你有一雙巧手又喜歡做手工，可以到你孩子的學校去幫忙教美術班，或到社區中心當義工。當我們明白上帝賦予我們獨有的能力和長處時，我們就可以加以利用來事奉上帝和其他人。

摒棄所謂完美女人的迷思。如果你無時無刻都將自己和那些不切實際的「完美女人」形象比較，你注定永遠覺得自己不完美。同樣地，如果你時常以媒體所定立對美的標準跟自己作比較，你注定永遠覺得自己不夠美麗。即使模特兒也不能掌控她們那被吹捧得天上有地下無的形象。要建立健康和平衡的自我形象，就必須摒棄不現實的標準。

每個人心目中都有一個完美女人的形象。這人通常集合了我們分別在家庭、文化和教會中看到的模範特徵。在你的日記中寫下你心目中的完美女人是怎麼樣的。她也許是：**既漂亮，衣著又得體。要是你突然到訪，完美女人的家總是潔淨無瑕，而且她熱情好客，令你賓至如歸。她的孩子也是最好的，總是乾淨整潔，而且彬彬有禮。完美女人亦要是溫柔嫻淑的妻子，她既性感得來又不太撩人。另一方面，她非常聰明，有一份很好的工作，但同時又是一個百分百投入的母親。她有自信和有洞察別人心情的能力；完美女人常常保持和藹可親的形象，不易發怒和失去耐性。**

寫好後問問自己，世上哪有這樣完美的人？你可能都會為那荒謬的所謂「完美」而失笑。無人能如此！我們都只是凡人，我們也有軟弱、反覆無常和犯錯的時候。就正正是這些弱點和過錯，讓我們看到基督的大能，並在掙扎的過程中學習和成長。基督能夠救贖我們的錯誤和過失，也能救贖一些人們對我們所做的過錯，並且以意想不到的方法成就好事（創三十七～五十章，特別留意五十20）。當你在責備自己不能達到那個不切實際的標準時，對自己仁慈點吧。上帝召喚我們坐在祂跟前聽祂講道。懷疑自己時，要提醒自己把那完美女人的假象放下在主的跟前。

善待心裏的孩童。還記得八歲時的自己嗎？要治療我們對自己的看法和想法，就必須探討孩童時期受傷的源頭。這並不是要把責任歸咎於父母或其他傷害我們的人，而是憑著回憶，你能發現你由何時開始把這些信息藏在心底，因而傷害了自己。迪士尼電影《童心闖未來》（*The Kid*）也許能幫你與你的童年回憶接軌。花時間看看這電影，再嘗試回想自己的童年：你是甚麼樣子的？你家在哪裏？與誰同住？你父母是怎樣的？你的學校生活怎樣？你的父母有多反覆無常？成長時聽到甚麼傷害你的說話？你怎樣把這些信息放在心上，並一直保留著？如何可以開始放下？

假若我們執著於這些傷口，任由這些傷害我們的人扭曲並控制我們的自我形象，那是阻礙真正的自我去改變我們對自己的看法。教牧輔導員巴頓（John Patton）提出，寬恕是正面的自我形象，因為「受害者不再糾纏於已過去的事。那些傷口不等於我們，它們只是正在跳出框框的部分」。[17] 我會在第十章更深入探討關於寬恕這課題，但值得留意的是，如果我們不去原諒人，我們便無法逃避那根本的問題。要建立健康的自尊，我們必須放下一些舊傷口。

其中一個放下對自己負面評價的方法，是透過想像練習。如果你像卡倫一樣，在成長中認為自己不可愛，那你可以試試看一個四、五歲小孩的相片，想像對他說：「你不可愛！」當然，你不會跟一個小孩這樣說。相反，你會說他可愛，會愛他。現在，想像你就是相中的小孩，然後對自己說一些你以前很想從父母或朋友口中聽到，但沒有聽到的說話。

不論你自尊低落的**源頭**來自哪裏，把那種負面的自我評價延伸下去的只有**你自己**。要建立健康的自我形象，你必須改變對自己的看法。你知道你把從父母、兄弟姊妹、會友和文化中接收到的負面評價照單全收，然後開始相信那些評價是對你真確的形容。在第四章中我已提及過，我們會在自我對話時將這些負面信息不斷重複。

所以，你要提醒自己對自己溫和一點。如果你的朋友斥責自己不夠聰明美麗，你會對她說甚麼？你會否和議著說那是真的，而她就是不值得被愛？不！你會反對她的想法，並會給她愛和鼓勵。當負面的自我評價來襲時，嘗試重新組織這些思緒吧。對自己和善一點，溫柔地提醒自己不要執著於過去的傷痛回憶。把自己帶回現在，用自己的長處和技能應付目前的生活。把注意力集中在你可以做的和已做到的事，而不是你的短處和弱點。

你已經讀過耶穌是怎樣禮待女性了。當你的自信被打擊時，祂會對你說甚麼呢？花點時間默想上帝對你的愛，邀請上帝以祂的愛和同在把你充滿。看看盧雲所寫的話：「我想對你說的，就是『你是上帝所愛的』，我只想你聽到這句話，能溫柔地進入你的心坎裏，我要這句話在你身體的每一處迴響——『你是上帝所愛的』。」[18] 值得花點時間沉思這強而有力的句子：**你是上帝所愛的**。

在默想上帝對我們永不止息的愛後，我們會發現那愛比我們想像更長闊高深（弗三18），試想像上帝會對你說的話。給自己寫一封信，說說上帝賜予你的愛。信中你或許會用到經文、詩歌或者歌詞。把信貼在你的鏡子或冰箱上，當你感到沮喪和挫敗，覺得自己不夠完美時，讀讀那封信。以在基督中真正的你，以及上帝賜予你的愛，取代那不公平和不理智的負面自我形象。

我們的人際關係、文化和教會都告訴我們，怎樣評價自己和評估自己的重要性。當那些信息過分負面，而我們又把它們視為我們的一部分，認為我們的弱點和過失就代表我們，我們是對自己和對造物主不尊重，也愧對耶穌以愛為我們贖罪。人要步向完全，就得肯定我們是主內姊妹的身分。只要公平地看待自己，我們才能運用恩賜去事奉上帝和其他人。

註譯

1. David Benner, *Sacred Companions: The Gift of Spiritual Friendship and Direction* (Downers Grove, IL: InterVarsity Press, 2002), 36.
2. Brennan Manning, *Abba's Child: The Cry of the Heart for Intimate Belonging* (Colorado Springs, CO: NavPress, 1994), 50.
3. Peggy Orenstein 連同 American Association of University Women, *School-girls: Young Women, Self-Esteem, and the Confidence Gap* (New York, NY: Anchor Books, 1994), xix。
4. Susan Annette Muto, *Celebrating the Single Life: A Spirituality for Single Persons in Today's World* (New York, NY: Image Books, 1985), 101.
5. 延伸閱讀可參閱 John Bowlby, *Attachment and Loss*, vol. 1, *Attachment* (New York, NY: Basic Books, 1969)；亦可參閱 Kimberly Gaines Eckert and Cynthia Neal Kimball, "God as a Secure Base and Haven of Safety: Attachment Theory as a

Framework for Understanding Relationship to God," in *Spiritual Formation, Counseling, and Psychotherapy*, ed. Todd W. Hall and Mark R. McMinn (New York, NY: Nova Science Press, 2003)。

6. Dar Williams, "When I Was a Boy," ©1993 BURNING FIELD MUSIC (ASCAP)/ Administered by BUG MUSIC, A BMG CHRYSALIS COMPANY, All Right Reserved Used by Permission, *Reprinted by Permission of Hal Leonard Corporation.*

7. Daniel E. Hecker, "Earnings of College Graduates: Women Compared with Men," *Monthly Labor Review*, March 1998, 62～71.

8. U. S. Department of Commerce, Bureau of the Census, *Income Poverty, and Valuation of Noncash Benefits*, 1994 <www.unc.edu/-healdric/soci31/1998/assign/20facts.htm>.

9. Linda Tschirhart Sanford and Mary Ellen Donovan, *Women & Self-Esteem: Understanding and Improving the Way We Think and Feel About Ourselves* (New York, NY: Penguin, 1985), 3～4.

10. J. I. Packer, Merrill C. Tenney and William White Jr., eds., *Nelson's Illustrated Encyclopedia of Bible Facts* (Nashville, TN: Thomas Nelson, 1995), 421～431.

11. 有關耶穌與婦女的救贖關係的延伸閱讀，可參閱 Mary Stewart Van Leeuwen, *After Eden: Facing the Challenge of Gender Reconciliation* (Grand Rapids, MI: Eerdmans, 1993)；或參閱 Gilbert Bilezikian, *Beyond Sex Roles: What the Bible Says About a Woman's Place in Church and Family*, 2nd ed. (Grand Rapids, MI: Baker, 1985)。

12. Bilezikian, *Beyond Sex Roles*, 82. 被忽視的女人的例子包括：彼得的岳母（太八 14～15）、血漏的女人（可五 25～34）、睚魯的女兒（可五 21～24、35～43）、拿因的寡婦（路七 11～17）和駝背的女人（路十三 10～17）。

13. Bilezikian, *Beyond Sex Roles*, 85～87.

14. Mary Stuart Van Leeuwen, *Gender & Grace: Love, Work & Parenting in a Changing World* (Downers Grove, IL: InterVarsity Press, 1990), 48.

15. Letha Dawn Scanzoni and Nancy A. Hardesty, *All We're Meant To Be: Biblical Feminism for Today*, 3rd ed. (Grand Rapids, MI: Eerdmans, 1992), 78.

16. Anthony A. Hoekema, *Created in God's Image* (Grand Rapids, MI: Eerdmans, 1986), 103.

17. John Patton, "Forgiveness in Pastoral Care and Counseling," in *Forgiveness: Theory, Research, and Practice,* ed. Michael McCullough, Kenneth Pargament and Carl Thoresen (New York, NY: Guilford Press, 2000), 290.

18. Henri Nouwen, *Life of the Beloved: Spiritual Living in a Secular World* (New York, NY: Crossroad, 1992), 26.

7

與你的身體爭戰

在有毒的身體文化中發展出健康的身體形象

她們沒有一個披上外衣，但她們就如模特兒般可愛和充滿自信——以下的是重要的分野——且全都穿上比堅尼。其中兩位擁有完全且完美的棕褐膚色。突然間我如夢初醒。當下驟然重演著《國皇的新衣》（*Emperor's New Clothes*），而我正拖著肥胖的身軀站立在那兒，就像那肚滿腸肥且矮小肥胖的國皇一般。這一刻我在腦海中看到自己，像是一個被螢光燈照著的人，與這些女孩互相比較，彷如晚年時的科恩（Roy Cohn）。我想要在腳底下有一道地板門被打開。

拉莫特（Anne Lamott）
《人生旅途中的恩賜》
（*Traveling Mercies: Some Thoughts on Faith*）

你是否每天都量度自己的體重？還是極力逃避磅重？也因那使人感到痛苦和尷尬的例行體重檢查而害怕看醫生？或許是你想要得到新穎且有效的減肥方法而翻開本章。又或許你為你自己和你的體重深深感到羞恥和內疚，而想跳過本章？又或許不論你身體的真正健康狀況如何，你還是不能除去你認為你和你的身體永遠都不夠好的感覺？

我很清楚這種感覺。在二十歲時，我發現我在醫學上被定為過胖，即以我的身高來說，我的體重比健康的標準多了二十個百分點或以上。這使我十分沮喪。雖然我在少年時期並不是特別清瘦，但我卻在高中後期以驚人的速度增磅。作為大學的新生，我得了「新生 15」（編按：指大學的新生在首年所增加的體重，被人們隨意設定為十五磅），之後得更多。後來，我發現自己不再只是「過重」，而是「過胖」，這對我來說，無疑是一個警號。

雖然我曾參與過無數次的減肥班，但我只感到徹底挫敗。而透過古老的方法：節食和增加運動量，我卻在大學初期成功減去一些體重。我並沒有一條簡單的方程式可表示我**如何**做到這方面，我卻知道我不是獨個兒去做。只有信靠主耶穌的大能，我才得以有這改變一生的經歷。

在減肥的過程中，我聽到許多女士承認曾落入不同的掙扎之中，包括情緒化進食、食物成癮、暴食症、自我形象低落及負面身體形象等等。我不能相信有多少個女士——健康且貌美的女士——曾被自己內在的批評聲音所折磨。此外，我亦不能相信人們——例如牧者和會友、教授和顧問、銀行出納員和雜貨店商人、朋友和家庭成員——對待過重的我和沒過重的我，竟有如此大的差別。當我正禁不住要享受減肥所引來的正面關注時，卻知道只有達到身體上的改變，我一直活出的內在女性形態才會被尊重。這使我深深感到苦惱。

如果你曾不滿自己的體重，因而增磅或減重——或嘗試去增磅或減重——你必然並不孤單。三十三歲的凱特（Kate）在我們起初的輔導會面時告訴我：「我很多時也迴避，不看鏡子。我常常與其他女士比較，又常自覺未符合標準。我討厭和我丈夫有性行為，因為我為自己的身體感到羞愧，而我肯定他也感到嘔心。我告訴自己，今天會好一點的了。雖然我會做運動，吃得健康，但我卻感到氣餒和沮喪。我把事情都弄糟了，然後又要由頭做起。」

作為一位治療師，我曾聽過許多女性的心碎故事，如凱特一樣，她們皆恆常與自己及自己的身體對抗。我作為一個基督徒姊妹，同樣掙扎於如何擁有健康的體重和形象，並常常在想，基督徒應該如何理解自己的身體呢？倘若身體是聖靈的殿，那麼我們應該如何看待身體呢？計算卡路里、碳水化合物、脂肪含量，是否虛榮的徵兆呢？美國的女士尤其重視身體形象的事，看看美國社會上有許多飲食失衡、過胖症等個案就可見一斑。這些皆是不正常的飲食對身體的不良影響，也是源於媒體及文化對我們的體重和外貌的一些不切實際的期望。

在第六章中，我籠統地探討了自尊。在這一章，我將會檢查自尊的另一個方面：我們如何思考和感受我們的身體。探討西方婦女在她們少女時期已開始接收的，對「我們的身體」和「她們**應該是怎樣**」的文化信息。

我亦會介紹基督教對身體的觀點。上帝創造我們的整體——身體與靈魂的合一。當我們慶祝上帝創造我們，作為體現上帝的形象時，我們的成長是完全的。因此，與我們的身體鬥爭（認為不夠苗條、不夠吸引力、沒有曲線美等），等同與我們**自己**——上帝的良好創造——鬥爭。

美麗的身體：通往接納的康莊大道？

美國女性不滿意自己的身體，也不是沒有原因的。現時的時裝雜誌模特兒平均是五尺十一寸高，一百一十七磅重，而一般美國女性平均是五尺四寸高，一百四十磅重。[1] 這中間的誤差讓許多女性感到羞愧，對自己的身體帶有批判性。結果，我們就無所不用其極，去達致那不可能達致的目標，這些我們從小就學到了。范利奧雯（Mary Stewart Van Leeuwen）在她的著作《伊甸園之後》（*After Eden*）中，提供了若干研究的結果，闡述許多女性對自己的身體感到羞愧。根據一項研究顯示，有五成的九歲兒童和近乎八至九成的十至十一歲兒童在節食，因為他們覺得自己太胖了。[2] 女孩長大後，對自己的不滿更加強烈，有七成半的美國女性認為自己過重！

為何我們要如此強烈地回應，這些要求我們不自然地過瘦的文化信息呢？其中一個原因可能是，社會一般接納和相信重就是不好。范利奧雯辯道，若男士不是超重三十五磅，也不會被視為肥胖；而女性如果超重十至十五磅，就已被看為肥胖了。「很少過胖的女性能得到尊重，但許多過重的男性卻仍得到尊重，」范利奧雯說道，「尤其當這些男性是富有及/或有權勢的。」[3]

再者，派佛指出一個關於對社會期望的研究，來闡述美國文化對過胖者的偏見。根據一項研究顯示，有百分之十一的美國人說，如果他們知道胎兒有肥胖的傾向，就會打掉他。另一項研究又指出，相對於校園暴力、殘疾兒童或不同種族的兒童，小學生對於肥胖兒童更反感。研究亦發現，老師會低估了肥胖兒童的智商，又高估了瘦小兒童的智商。[4]

從小開始，西方的女童從傳媒得著潛在的信息，就是她們必須極瘦，才能得到接納。這個信息更被許多父母、兄弟姊妹或其他親戚推崇。在學校裏，女孩會留意老師和同輩如何對待肥胖的同學，從而進一步確定這個信息。「女孩們害怕肥胖，」派佛寫道，「並且她們也應該害怕。肥胖代表被遺忘、藐視及誹謗。女孩在學校禮堂內聽到一些說肥胖女孩的話。沒有人覺得自己已經夠瘦了。」[5]

當女性不斷接收到強烈的信息，知道我們該看起來是怎樣的，又在現實生活中，看到失敗的人的遭遇，她們就無所不用其極，為的是要纖瘦。根據派佛的言論，當「不自然的纖瘦變得吸引，女孩們就做不自然的事，為的是要纖瘦」。[6]甚麼是不自然的事？我相信，單單美國已有一億個女士患厭食症或暴食症，那就是不自然的事。這無法達致的文化完美境界，最極端的結果固然是飲食失調，數以億計的女士亦掙扎於恆常節食的負面影響。有些人會爭辯，過重對於身體的負面影響，比起節食更多。可是，其他研究顯示，恆常節食對身體造成的壓力，遠比起超重二十磅為高。

就如所有女士一樣，女性基督徒也是從小就知道，身體是重要的，因為那是別人量度我們的準則。如果我們又瘦又吸引，那別人就會喜歡我們。這種對外表的不平衡價值觀，結果就是讓許多女孩和女士竭盡所能，令自己又瘦又吸引，為的是要經歷愛和接納。然而，是否只有一個方式去看待身體呢？作為基督徒，我們被召在世界之中，而不是屬於世界。關於身體的「另一個世界」角度，會教導我們一些甚麼呢？

全人：靈魂和身體

有史以來，有些人爭辯說，身體的重要性在於其（附屬的）角色是作為（更重要的）靈魂的管子，可是這卻沒有準確反映上帝的創造。在第二章曾論及，上帝按照祂完全的形象造我們——就是身體與靈魂的**合一**。就如神學家根頓（Colin Gunton）所寫「上帝的形象環抱我們的形體，就如環抱我們的智慧與靈性一樣」。[7] 換句話說，在我們有上帝的形象這身分上，我們的身體、意念和靈魂是同等重要的。我們是有靈的身體，也是有身體的靈。

因此，我們的身體是重要的，那是因為上帝按照祂的形象**創造**我們，成為有身體的人。我們成為血肉之軀，那不是偶然的。有些神學家指出，我們的肉體時常提醒我們，我們是按上帝的形象所造，最基本的需要就是建立關係，「個人以形體的生物存在於世上，必須有一個基本的缺欠，或者正面來說，是內在渴望『完全』的吶喊。這種讓人感受到的不完全，以性別來代表——就是，這人生來是男是女」。[8] 我們的身體，被造時已是定意要與另一人聯合，就正正提醒我們，我們需要關係，也渴求完全。

上帝不單揀選創造我們成為有形體的人，祂更選擇一個有形體的人的方式——就是耶穌基督——向我們**顯現**。基督教就是一個化身的——身體的——宗教。「上帝造人成為有形體的生物，」潘可寧寫道，「而上帝的第二位格就取了我們的肉體和血，歸榮耀給我們。」[9] 因此，我們知道，身體是重要的，因為上帝也取了一個有形體的形象，為要就近我們。上帝也選擇透過肉身的死亡和耶穌流出寶血，**救贖**我們，「但如今他藉著基督的肉身受死，叫你們與自己和好，都成了聖潔，沒有瑕疵，無可責備，把你們引到自己面前」(西一 22)。到最後，我們知道身體是重要的，因為上帝要叫身體**復活**(林前十五 35～44)。故此，我們並非刻意要鄙視或憎惡或對身體發動戰爭。相反，我們要把身體當作「活祭，是聖潔的，是上帝所喜悅的；你們如此事奉乃是理所當然的」(羅十二 1)。

每當我們貶低自己的身體或行為，彷彿它們的重要性只在於是我們靈魂的住處，我們就沒有認真看待上帝創造我們的目的：有祂的形象、並且有關係及形體的人。可是，當我們被身體所佔據，當我們容讓自己的思想和感受關注自己的外表，而不是關心上帝是誰，以及祂要對我們說甚麼，那麼我們就是讓身體成為我們的上帝。不論我們是老是幼、吸引或不吸引、過胖或過瘦，我們的身體都可能成為我們的上帝。就如曼寧所述：

> 誠實的意思，是忠實承認一些控制我們的注意力、主導我們的心思、或作假神的依附。我可以沉溺於伏特加或善待別人、大麻或被愛、可卡因或真理、賭博或關係、高爾夫球或閒言閒語。也許令我上癮的是食物、演出、金錢、受歡迎程度、權勢、報復、閱讀、電視、煙草、體重或勝利。當我們視其他東西比上帝重要，就是拜偶像了。因此，我們每人每日都拜偶像無數次。[10]

偶像可以很多形式出現。食物可以是偶像。但悅人眼目，不論是在肉體上或屬靈上，也可以成為偶像。我們的身體是重要的，我們敬拜上帝，不應被我們的外表規限，而應透過重視和歸榮耀給我們的身體，因那是上帝美好的創造。

其中一個我們可以歸榮耀給上帝美好創造的方法，是看我們為一個整體，而不是只著眼於我們的局部——例如我們身體上不完美的地方，甚或是一些叫我們與別不同的東西。我的朋友貝琪（Becky）教導我看自己為完全的價值。貝琪是個美麗的婦人，碰巧在右手、手臂和背部上方有胎記。小時候，她已留意到自己的皮膚與其他小朋友不同，所以當她洗澡時，會嘗試擦掉身上的胎記。她的母親向她解釋，這胎記是她的一部分，她是無法擦掉的。現在貝琪長大成人了，她喜歡她的胎記，也沒有再嘗試要擦掉它。她的丈夫也喜歡它，她看那是她身體的一部分。貝琪看自己是個完整的人——而她的胎記就是她整個人的一部分。

潛在的陷阱已等候我們：迷戀我們的身體、討厭我們的身體、極度節食、食物成癮、過多運動或情緒化進食。耶穌展示一個平衡的完全生活，肉體和屬靈的需要都得到尊重和滿足。沒有一樣比另一樣更重要。雖然耶穌來「也吃也喝」（太十一 19），但祂也禁食，並教導祂的門徒也如此行。在登山寶訓中，耶穌說：「你們禁食的時候⋯⋯」（太六 16）——不是如果你禁食，而是**當**你禁食。

在羅馬書十四章 6 節，保羅寫道：「吃的人是為主吃的，因他感謝上帝；不吃的人是為主不吃的，也感謝上帝。」這也是我為你及我自己的屬世和屬靈生活的祈禱。當我吃的時候，我希望可向上帝感恩，因為我沒有選擇把別的神放在祂之上；相反，我在進食中榮耀祂。當我禁食時，我希望可向上帝感恩，因為祂叫我能放下對食物的慾望，為要榮耀祂。

旅程上的工具

如果你誤用你的身體，苦待它及/或憎恨它，那麼你就不能榮耀或完全反照上帝。所以，討論一下你作為一個有形體的人，如何可以更加反照上帝。

專注於你可以做的事（而不是你的外貌）。你可以做奇妙的事。你的骨骼每三個月就有一次循環；你的肝臟每六個星期一次循環；你的皮膚是每個星期；而你的胃壁膜是每五天。倘若你懷疑自己作為有形體的人的獨特性，那麼可思考懷孕的狀況。一個女性可以由一堆細小的細胞，孕育及維持生命至它成為一個成形的七磅嬰孩。拉莫特在她的著作中，記錄了她兒子第一年的生活。她這樣寫：「當這一切都過去，我將要為我這個身體舉行一場慶祝會！」[11]

不要專注於你**看來**怎樣（或不看來怎樣），開始集中於你可以**做**的事。可是，有時你對自己的身體感到沮喪，就正正是因為它**不能**做甚麼。也許由於殘障或疾病，你的行動受到限制。我以一個新的角度學習到這個道理，自從我的婆婆在四年前中風。雖然她左邊的身體只有少許的感覺，但她仍然堅毅，並有無比堅強的意志，結果她可靠著拐杖走路，又可用一隻手做許多我以為不可能的事，例如用牙線及切蔬果。縱然我的婆婆期盼在天堂會有新的身體——一個沒有癌症（噢對了，她亦曾患有乳癌）、沒有中風的身體——但她仍然找到一個方式，在感恩中生活。當我婆婆看到孫兒在地上玩耍，我肯定她極渴望走下去，和他們一同玩耍，這渴望固然叫她感到心痛，然而她卻能找出一個方式，以生物的形體，去享受生存的一切恩典——孫兒笨手笨腳的吻、她丈夫為她所種的百合花的香氣、她兒子在電話中傳來的聲音、她丈夫協助她到牀邊那溫柔的觸碰。我的婆婆雖然不能做許多她想做的事，但她對於她**能**做的事心存感恩，以致推動她繼續向前，容讓她享受生命中的恩典和祝福。

列出你能做的事，你的列表可包括以下的事項：

- 我能呼吸（不要低估這簡單的動作，它在你肉體的存在中，具有奇妙而新奇的威力）。
- 我能吃、能睡、能喝。
- 我能感到痛楚，讓我知道有些事情出錯了，或遇到危險。
- 我能打網球，或帶小狗去散步。
- 我能嗅到濃郁的咖啡味、新鮮的百合花、母親的皮膚。
- 我能召開電話會議、參與聚會、教授課程。
- 我能擁抱朋友或跟小孩玩耍。
- 我能感到夏天的柔風吹在我臉上。
- 我能寫信及發電郵。
- 我能餵養我的寶寶、替她換尿布、哄她入睡。
- 我能笑、能哭、能說話。
- 我能修理電腦、能彈鋼琴、能除草。
- 我能與丈夫做愛。

為著這些事肯定自己——你的確是超卓的！當你開始能夠為自己能做的事欣賞自己，而不單是自己的外貌，你就會受到激勵，要嘗試新的東西。舉例說，我開始跑步後，我能夠欣賞我的腿，因為它們在我疲倦時仍然有力支持我，我不用拘泥於它們的形狀或大小這些不完美的地方。

當你開始敍述討厭身體的信息，你就要提醒自己，你是按照上帝形象所造的有形體的人，並且要找方法把負面變為正面。例如，如果你不喜歡自己的下圍過胖，嘗試把那轉化為一個正面的欣賞，例如：「感謝主，造我成為一個有曲線的女子——你設計的曲線要餵養和延續生命；感謝主，我的曲線提醒我是個切切實實的女性。」即或你感到懷疑，你可能會驚訝，這小小的感激能改變你的角度。當我看到我產後的肚子，感到有對身體負面的信息在囤積時，我嘗試閉上眼睛，回想我肚子裏仍有我寶貝小孩時，肚子是怎麼樣的。縱然事情現在不一樣了，但我卻喜歡想起自己的肚子，提醒自己作母親的恩典。這不是說為要慶祝我這能生養寶寶的身體，我就不再做運動，然後馬上在鄰近的店子買雪糕吃。相反，我發現，當我這樣想自己的身體，就會對自己好一點。

練習專注於你能做好的事，而不是你的外貌，我猜測，當你學習去愛和欣賞自己，知道自己是按上帝形象所造的一個人，就開始能作更健康的選擇。

用你的行為榮耀上帝。上帝創造我們有身體，為要教導我們一些重要的事，例如我們需要吃喝。如果你的行為傷害自己的身體，你就不能全然反照上帝在你裏面的形象。舉例説，如果你長期進食過量，這行為並不能榮耀上帝。一些行為，包括長期進食過量，似要填滿你內裏的空虛，然而這卻不奏效。在登山寶訓中，耶穌説：「飢渴……的人有福了！因為他們必得飽足。」（太五6）長期進食過量，尤其出於極端——暴食症——則相反，它往往不會令人在肉體上感到飢餓或滿足。我一度吃得過量，又從不感到滿足。我經驗到身體的改變之中，其中一項最大的得著是，我重新發現真正的飢餓和滿足究竟是怎樣的。儘管我掙扎之餘，但同時又以多個方式在傷害身體：自我挨餓、催吐與腹瀉、過量運動、長期減肥。

當我們沒有善待自己，吃得過多或過少，我們都不能榮耀上帝。開始監控你肉體的飢餓。上帝創造你的身體，身體會給你清晰的信號，讓你知道你何時餓、飽、渴和滿足。找一天你能夠按你身體的信號吃喝（而不是按方便、衝動或既定的進餐時間）。待你感到身體發出飢餓的信號才進食，你知道那些飢餓的痛苦是怎樣的嗎？可能你在長期減肥以先，已經知道挨餓的痛苦，又或者你已忽略它許多年，以致你不再留意到它們的存在。提醒自己這些身體信號的美麗之處。當你聆聽身體的信號，它能告訴你許多信息，這真是奇妙！當你感到餓就吃吧！嘗試慢慢進食，以致你可以繼續聽身體的聲音。留心地咬每一口食物和喝大量的飲料。當你開始感覺得飽，就不要再吃了。當你開始對外貌感到沮喪，又想重返以往不健康的進食模式，提醒自己，你的身體亦非你的敵人。相反，上帝創造你成為有形體的人是有目的的。或許重回上一個步驟，開始聆聽你可以做甚麼，而不是單純以外貌來看你的身體。求上帝以祂的真理落入你內心，驅走那些自我批判的思想。

透過身體的活動認識上帝。你可以透過享受的活動（例如在郊外散步或看日落）認識上帝，也可以透過一些挑戰體力的活動認識祂。推動自己快步走或慢跑兩公里，舉重十五下、踏健身單車三十分鐘，你就能重新明白「向著標竿直跑，要得……獎賞」（腓三 14）。當你迫使自己經歷**暫時的**肉身痛楚，達致一個目標，上帝就能教導你堅毅和忍耐的功課。

你也可以透過克己來認識上帝。雖然在聖經中，曾克己及禁食的名單很長，但施洗約翰是一個最好的例子，「約翰來了，也不吃也不喝」（太十一 18）。教會已很少説禁食是項屬靈操練了。我們寧願説一些更「屬靈」的操練，例如祈禱和默想。可是，這是純粹因為禁食太難嗎？如果每個人都禁食，我們在教會的愛筵上會做甚麼呢？莉薩．麥克明提出她的觀察：「凡兩三人奉主名聚會，在他們中間的彷彿就是食物。」[12]

透過禁食，你可以認識到上帝的一些屬性，而這些皆並非你可以靠**想想禁食**而獲得的。傅士德（Richard Foster）在他有關屬靈操練的經典著作《屬靈操練禮讚》（*Celebration of Discipline*）談及禁食：「禁食比起其他操練更能反映控制我們的東西。這對一些渴望轉化成耶穌基督的形象的真信徒而言，實在有奇妙的益處。我們以食物和其他美物隱藏我們內裏的東西，而透過禁食，這些東西就來到表面了。」[13]

感到肚子餓，然後選擇否定那個需要，這是有力的。倘若你禁食的話，你就會痛苦地被提醒你在世的人類屬性。在禁食中亦有個奧祕。透過一個外界看來很屬肉體及有形的練習，你可以經驗到強烈的內在轉化，並且上帝的靈向你啟示。

容讓我作出幾個有關禁食的警告。首先，如果你是個曾經以控制過量飲食（亦即使自己肚子餓）減肥的人，那麼禁食就不是讓你就近上帝的好方法。我會建議你也許可以透過吃東西，並且做一些你以往覺得越規的事，並在當中得著平安，從而更加遇見上帝。其次，如果你煩惱地想要減肥，那就不要禁食了。禁食不是減肥。如果你禁食的真正目的是要在週末之前減幾磅，那麼你就錯過禁食的喜樂和學習。如果你選擇禁食，就要為著禁食的經驗和過程而做——尋求和聆聽上帝——而不是為求身體的改變。

視你的身體為一個整體。上帝創造我們為完整的人，創造我們的身體為完整的身體。當我們不再把身體分拆為喜歡和不喜歡的部分，就會在追求完全之中長大。比方說：「我的眼睛好看，但手臂太胖了。」或者「我的笑容美麗，但腳太瘦了」。你有完整的身體。今日就嘗試這樣想和欣賞你的身體——而不是一堆不完美的組件放在一起。

我們來重溫一些實用的建議，讓你可以開始欣賞你的身體為一個整體：

- 買一些切合現在真正的你的衣服，並非一些你盼望減十磅或做六次運動後才合穿的衣服。不要等減了十磅才去買件好看的泳衣，或赴宴的漂亮裙子。買一些你感到舒適和穿上去感覺良好的衣服。
- 列出十項你喜歡自己而與外貌無關的東西。你是個有形體的人，而不是個**只有**軀殼的人。把這個列表貼在鏡子上，在你開始攻擊自己時，提醒你自己的價值。
- 找些時間去找出讓你整體感覺良好的事，然後就**做**這些事。可能你會去浸泡泡浴，或坐在火爐邊，穿上柔軟的晨褸和拖鞋，喝一杯暖茶。可能你捨得花錢去做全身按摩、美容和腳部護理。追尋對自己的認識，甚麼令你感覺良好呢？就做那些事，善待你整個身體。
- 如果你經常與其他女性比較，那麼就嘗試不要與那些火柴人模特兒和穿低腰褲的少女比較吧。相反，看看你身邊的真女性——所有，而不單是那些比你瘦、比你苗條的。開始欣賞商店裏或餐廳裏的真女性，專注於她們能做些甚麼，而不只是她們的外貌。以你對自己的友善，同樣如此對待她們。
- 不要再過濾一些關於自己的正面信息。不要只留意及內化一些你從別人處接收到的負面信息。讓你自己接受正面的回應，並把這些東西也融入你對自己的看法中。

- 留意你對你的身體有多少負面的思想。練習終止你的想法，用那你欣賞自己的列表上的東西，取代你負面的思想。舉例說，如果你時常告訴自己：「我太胖了。我這個樣子沒有人會喜歡我。」提醒自己別人**已經**及**將會**喜歡你的原因，例如是「別人喜歡我，因為我很友善。我很細心。我是個忠實的朋友」。

當你繼續在追求完全上前行，提醒自己，你的身體並非敵人。當我準備要與丈夫約會，在全身鏡前打量自己時，我也會很掙扎，腦海中總是會攻擊自己的身體。但讓我鼓勵你，和我一起努力，不再與你的身體爭戰！相反，要提醒自己，你的身體是你「受造奇妙可畏」（詩一三九 14）的一部分。

反思一下，你用多少時間去想你的外貌；你看起來怎樣、你希望自己看起來怎樣、或者是你曾經看起來怎樣。倘若你把當時的時間和精力，投放在一些有成效的事，那會怎麼樣？我們不是要崇拜、漠視、誤用或憎恨我們的身體，而是要擁抱它們。立志不可再浪費時間去討厭自己的外表，以及苦待自己。上帝刻意創造我們為有形體的人，當我們開始欣賞上帝美好的創造，就能在完全中成長。

註釋

1. "Media Bombards Women with Mixed Weight Messages," *Consumer Health Journal* (October 2003)，統計數據引自Alliance for Eating Disorders Awareness，並在以下網頁檢索：www.consumerhealthjournal.com/articles/women-and-weight.html。
2. Mary Stewart Van Leeuwen, *After Eden: Facing the Challenge of Gender Reconciliation* (Grand Rapids, MI: Eerdmans, 1993), 269.
3. Van Leeuwen, *After Eden*, 270.
4. Mary Pipher, *Reviving Ophelia: Saving the Selves of Adolescent Girls* (New York, NY: Ballantine Books, 1994), 184.
5. Pipher, *Reviving Ophelia*, 184.
6. Pipher, *Reviving Ophelia*, 184.
7. Colin Gunton, *The Promise of Trinitarian Theology* (Edinburgh: T & T Clark, 1991), 118. 亦可參閱 Vaughan Roberts, *God's Big Picture: Tracing the Storyline of the Bible* (Downers Grove, IL: InterVarsity Press, 2002), 27～28。
8. Stanley Grenz, *The Social God and the Relational Self: A Trinitarian Theology of the Imago Dei* (Louisville, KY: Westminster John Knox Press, 2001), 277.
9. Cornelius Plantinga Jr., *Engaging God's World: A Christian Vision of Faith, Learning, and Living,* (Grand Rapids, MI: Eerdmans, 2002), 37.
10. Brennan Manning, *The Ragamuffin Gospel: Good News for the Bedraggled, Beat Up, and Burnt Out* (Sisters, OR: Multnomah, 1990), 83～84.
11. Anne Lamott, *Operating Instructions: A Journal of My Son's First Year* (New York, NY: Anchor Books, 2005), 59.
12. Lisa Graham McMinn, *Growing Strong Daughters: Encouraging Girls to Become All Their Meant to Be* (Grand Rapids, MI: Baker, 2000), 128.
13. Richard Foster, *Celebration of Discipline: The Path to Spiritual Growth* (San Francisco, CA: HarperSanFrancisco, 1988), 55.

第三部
向外成長

8

重新思考女性的性慾望

性接觸、單身的性慾望和性傷害

性慾望是美好的——一份讓我們追求與他人親密，
而且反照出那種我們一直期盼
與上帝之間的親密關係的美妙賞賜。
但卻如其他的美好東西一樣，
人的墮落扭曲了我們的性慾望。

莉薩．麥克明
《堅強中的女兒》

性是有利可圖的。性被用來販賣任何東西，從電影戲票到雜誌、從牛仔褲到香煙、從汽車到可樂產品。雖然荷里活（Hollywood）把性慾望塑造成一幅誘人的畫面，但這畫面被扭曲且對人有害。我們的文化充斥著性。回顧幾個近十年的流行電視節目：《色慾都市》（*Sex and the City*），一套圍繞紐約（New York）四名相熟女子有關性的越軌和冒險經歷的電視連續劇；《老友記》（*Friends*），一套關於由性笑話和諷刺說話所建立的友誼和浪漫關係的電視喜劇；或《特務A》（*Alias*），一齣標榜一個非常漂亮的女士穿上帶有短劍的高跟鞋和豐胸內衣，一展武藝的間諜連續劇。

我們看新聞或翻閱雜誌時總不能不被以性感女士為主角的廣告所攻擊。我們查看電郵或上網瀏覽時亦不能阻止使人興奮的廣告在屏幕上彈出來。女性成為大多廣告的主角，且在色情層面中更為廣泛，並已透過互聯網以嶄新的方式接觸大眾。人們不用再購買被收在櫃枱背後的雜誌，或冒著被人撞破的危險光顧成人書店。現在只要點擊按鍵，便能即時滿足差不多所有的性幻想。

若我們盲目地聽從我們的文化，並接受一般流行電影、雜誌、電視劇和廣告所鼓吹的性觀念，特別包括女性的性慾望，則我們或會開始相信任何情況下的性滿足比互信、承諾和誠實更重要。若被這些流行影像所誘惑，我們便開始從自己性慾，到在睡房裏的外貌，以至性交表現均感到不足。不幸地，很多人不知不覺地已接受這種文化迷思，並因自我的不足而感到尷尬，也因此害怕丈夫會感到不滿足。當我們在牀上的實際表現未能達到荷里活所製造的超現實幻想，我們便會感到失望和羞恥。

當我們思考我們的文化中性沉溺的行為，而會發現性罪行正在玷污各人並不足為奇，包括性虐待的行為正蹂躪生命，性上癮亦正破壞婚姻——包括教會內和外的。由於性慾望被扭曲成各種樣式，誘使人懷疑性慾望是甚麼。性可被（誤）用來玷污人和破壞關係。它可撕裂婚姻關係，並奪去貞潔和純真。它可引誘我們的丈夫、我們的父母、我們的朋友和我們自己犯罪。它損害我們的忠心，並扭曲我們的期望，誘使我們進入不安全地帶。然而，真正的事實是，性是由上帝所創造，它本是美好的。

上帝創造我們為有性慾的生物，我們的性慾望亦以兩種方式表達。首先，上帝創造我們成為有性別的生物，即男性或女性。其次，上帝創造時已給予我們有進行性關係的本能——一種只限在婚姻約束中表現的機會。性行為既有靈性上的一面（美好且正確地去發生性關係），也有明顯的肉體上的另一面，當中涉及一男一女各自運用其男性和女性的身體。第一種表達方式——我們被造成有性別的生物——是給所有人的賞賜，是要被享受且被用作服事已婚或單身的人。在另一方面，雖然進行性關係的本能是人生存的一部分，但性行為本身並非人達致完全的必需品。耶穌降生在世成為一個完全的男人，他擁有男性的氣概、生理機能和進行性關係的本能。但要成為完全的人，他並不需要結婚或以任何方式發生性關係。這兩種有關性慾的表達方式，均被我們的墮落所扭曲，並會因我們的個人選擇而繼續被誤用。因此，無論我們是單身或已婚，均需要基督在這兩方面的醫治。

上帝大可把人創造成一式一樣，但祂卻選擇了男和女的性別區分。我們長大時，主日學老師大概沒有著我們注意這種個人特質，可實際上上帝是**刻意選擇**按照祂的樣式把我們造成有性慾的生物。就如史密德（Lewis

Smedes）曾寫道：「有關從人身上反照上帝的樣式的傳統述說中對人的性慾望絕少著墨，這是基於我們在身體以外而非身體**之中**反照上帝的樣式的假設。要否定與上帝相似的我們存有性慾望，就如同是侮辱上帝。」[1] 性別的區分提醒我們被造是為要建立關係，且我們自身從根本上就是不完全。正如兩塊拼圖，男性和女性的身體構造剛好互相配合。這並不表示單身的人因沒有伴侶而不完全。反之，性慾望提醒我們所有人，不論是已婚還是單身，沒有了上帝我們就不完全。也如繆桃所寫：「在心靈上明白，單身是人生的不完全的標記之一。活出這召命是要提醒他人，人的愛不能完全滿足我們。人的心不能看到更多的愛，這更多的愛就是上帝。」[2] 上帝刻意把我們的肉體造成這樣，持續地提醒我們要永遠朝著與另一方結合的方向走。

再者，縱然上帝大可把人造成以任何其他方式繁殖，但祂刻意選擇了創造性行為：一種可帶來極度親密和使人著迷的快感的行為。史密德繼而指出，性行為是反照著我們是上帝按祂形象所造的，「性行為——其最美好的一面——是一種已合一的人活潑生命的縮影」。[3] 性行為「最美好的一面」，是要在婚姻的關係中去體驗。當丈夫與妻子互相向對方展現性的自我，就反照出他們是「合一的人」。上帝創造了性慾望（我們在性別的區分以及對親密性關係的自然渴求）和性（行為）。因此，它們並非污穢或可恥，而是美好的。

人的性慾望，包括我們在生理上的性別和進行性關係的本能，是一份賞賜，它教導我們有關上帝是誰和祂如何造我們等的一些重要事情。但它卻因人的墮落而被扭曲和誤解。在本章，我將探討性慾望（包括兩種表達方式）被扭曲的三種情況。在人墮落後的環境中，性慾望可帶來恥辱、暴力，甚至被用作犯罪的經歷。感恩地，耶穌降世扭轉了人墮落的影響，並醫治已破損的。因此，本章亦會探索我們是如何被赦罪，且上帝如何復興、潔淨，並使我們的性慾望完全——不論我們是已婚還是單身，是性活躍還是獨身主義者。

在充滿羞愧的世界中的婚姻與性

安（Ann）是一個三十五歲的女性，最初聲稱是因為焦慮而來尋求輔導，最終才透露尋求協助的「真正」原因，是長久以來在性行為上的掙扎。即使安知道她應該與丈夫一同享受性生活，但她卻未曾經歷過任何真正的樂趣。雖然她害怕做愛，但卻在過往十年的婚姻中，每星期與丈夫行房一至兩次。安視性愛為一份職責，是她作為一個好妻子所必須履行的，而且也認為那能保障她的婚姻，叫丈夫不會在外拈花惹草。安愛她的丈夫，也希望彼此間有親密的關係。她知道自己對性生活提不起勁，無法得到高潮或歡愉，致令她未能享受親密關係中的重要一環。她也知道，她未能取得歡愉，亦令她丈夫感到失望和不安全。

安的家庭和教會一向推崇禁慾，而她從小就知道，要保守自己，不可有婚前性行為。於是，她一直謹守這教導，在結婚當日仍是處子之身。不幸地，安對性愛所持的潛在觀念，並沒有隨著結婚典禮而瞬間改變。「在成長過程中，我一直覺得性愛是污穢的。有時聽到已婚的婦人開玩笑，說丈夫在家中弄這個弄那個就是為了『那回事』，我不禁覺得性愛只是為男人而設的。」安告訴我：「似乎女人有性生活只是為取悅丈夫，而不是自己能夠從中取得歡愉。」

在首次行房後，安被肉體上的痛楚和情感上的羞愧弄得心煩意亂。她理智上知道婚姻中的性愛應該是美麗的，可是卻不期然感到尷尬和內疚。安蜜月回來，跟一個正與男友共賦同居的友人用膳，友人公開談論性生活，指自己能多次達致高潮，男友因而感到欣喜。這更令安覺得羞愧和感到有點被出賣。安一直待至婚後才有性行為，可是，性生活卻為她帶來痛楚，更不用談要去享受了。在親熱時，她堅持要關燈，因為她害怕讓丈夫看到她赤裸的身體，而且她毫無經驗，因而覺得笨拙和沒有把握。她感到挫敗和內疚，甚至羞愧得不敢向丈夫或其他人透露。

除了這些關於性行為本身的教導外，安也學習到一些關於自己的女性胴體的重要課題。在她家中，各人常常是以壓低的聲線來談論婦女的月經和生產的事。安在少年時期曾患有真菌性陰道炎，她母親會說安的「下面」有點毛病。因此，安就學習到，她的生殖器官生來就是污穢的，所以不該在家中公開談論。她不單整體上覺得自己不夠完美，而且也對自己的女性胴體感到羞愧。安希望可以在丈夫前一絲不掛而毫無愧色，可是，無論她丈夫如何肯定對她的愛及表示如何被她吸引，她永遠覺得自己不夠苗條和不夠吸引力。

當我們的性觀念被羞愧的感覺籠罩，自然對性生活提不起興趣，親熱時亦難以享受。事實上，在性事上掙扎的，並不止安一人。約有百分之三十三的女士性慾不振，這稱為性慾障礙（hypoactive sexual desire disorder）。有些女士甚至覺得性是使人厭惡或令人作嘔的。百分之二十四的女士有女性性高潮障礙（female orgasmic disorder），換言之，她們是極度難以達致高潮。事實上，婦女在首次性交時感到痛楚是頗為常見的；可是，有些婦女卻會經年在性交之中過度感到痛楚。這可能是身體出了問題，也可能是性交時的焦慮和恐懼，引起或加劇痛楚。約有百分之二十的婦女在性交時偶爾感到痛楚，而只有百分之十四的女性患有性交疼痛，或與性活動有關的慢性陰道疼痛。[4]

上帝創造我們成為有性別的生物，賞賜我們體驗性渴求和歡愉的能力。然而卻有很多婦女未能得著這份賞賜。由於人的墮落和隨之而來充滿罪惡的餘震，我們在性慾望的經歷常與恥辱為伴，但事實並非必然如此。從被造之物被救贖的觀點來看性慾望，在其中以及其本身，是美好的。性行為，在其中以及其本身，是美好的。我們的身體，包括性器官，是美好的。我們沒需要亦不應該去抗拒、遏止或忽視性慾望。反之，不論我們是十七歲還是七十五歲，我們都應愛護和擁抱作為我們是誰的必要元素——性慾望。性並非我們為丈夫而必須實行的職責。這亦不是我們有責任為使丈夫與家庭保持親近而做的事。上帝創造了我們，使我們能透過性器官的形式經歷肉體上至高的快感。莉薩．麥克明寫道：「上帝既賜給我們**能**經歷如此難以置信的肉體快慰的身體，就是鼓勵我們在一段深情忠誠的戀愛關係的處境中擁抱性，使之成為完全地美好，若對性有一絲不安，就反映出我們在性慾望方面有破損。若發現我們厭惡性，且未能享受性樂趣，尋求協助就是尋求完全。」[5]

男士和女士的性器官障礙可與一個醫學問題有重大關連。尋求醫生的協助是面對性困難的實際和必要的一步。當然，並非只有婦女受到性器官障礙的困擾。與流行電影和電視所投射的意念相反，男士對性不是一直有興趣，他們亦並非一直準備好或有能力進行性行為。當我們的丈夫正面對性困難，會為雙方都帶來痛苦。在本書中，雖然我集中細看女性所面對的負面文化信息和觀念，但這些信息和觀念對男性有著相同的壓力。在電影中和電視上，男主角都是性強健和身體強壯的，且隨時都已準備好進行性行為。但是，在關上了的門背後，我們大都會發現這種典型的表現，與我們現實生活中男主角的實際狀況相去甚遠。事實上，半數的男士至少在某些時候會感到難以達到或維持勃起。大約百分之十的男士有關乎勃起障礙的慢性困難，而年過六十的男士在這方面的人數會增加最少百分之十五。除了勃起障礙，大約百分之三十的男士有早洩問題，而百分之八的男士受性高潮障礙的困擾。[6]

男性的性功能障礙，與女性的相同，可由身體的因素引起，也可因各種壓力，如不育或漸老、婚姻關係的問題或被虐的經歷、自我形象低落或懼怕傷害伴侶等，而持續或惡化。當男士在進行性行為方面有困難，不論是面對勃起障礙、早洩、性疼痛還是低性慾，都會影響他們以及我們的自我形象。我們或許會充斥著自責的念頭：**為何我的丈夫沒有對我產生性興趣？必定因我有甚麼不對，使他不想與我親近。我一直知道自己很醜，這正正證明了這一點——連我的丈夫也討厭我的身體，並因我而不舉**。縱然這些念頭是令人失望的性關係所帶來的痛苦自然反應，但它們亦會使我們與丈夫攜手一同尋求醫治。

當要面對因激情或滿足感比我們想像中少的性關係所帶來的痛苦時，我們需要與伴侶一起走那邁進性完全的道路。就如當我們的心靈受傷害和軟弱時，我們的丈夫的心靈亦會受傷害和軟弱。在男性性強悍的文化壓力之下，在性方面有困難的男士會特別感到羞辱。作為妻子，我們可增加丈夫的羞辱，或可給予他們溫柔和憐憫的愛心作為鎮痛軟膏。真正的親密是從互相感到安全的人中找到的。當我們以溫柔及愛心對待丈夫最脆弱和隱祕的困難時，我們給予他們最深切的愛和安全感。以愛護的心對待丈夫，正是讓基督進行拯救的工作，取代以良好的性表現來增強自信的羞辱。

若你或你的伴侶正面對性功能障礙，不論對性行為失去興趣或更甚是感到厭惡，是有勃起障礙或是早洩，是失去經歷快感的能力，或是慢性性行為疼痛，你必須知道這些性功能障礙都是可治愈的。請尋求專業的性治療師的支援，或從基督教性治療書籍或影片中尋找幫助。性完全學院（The Sexual Wholeness Institute）是一所綜合性的基督教性治療中心，它透過網址 www.sexualwholeness.com 提供多方面的資源，包括書籍、影片和工作坊。性的本意並非痛楚或不悅。這是上帝送給我們的一份美好的禮物！在完全中成長表示你能悅納自己的各方面，其中包括你的性慾望。若你正在性關係中感到困苦，那便邀請丈夫與你一起走那邁進性完全的道路。

當性慾望被用來向女性施暴

雖然性和性慾望是美好的，但是人墮落的其中一個結果，是為我們的身體和作為有性別的生物的自己感到羞恥。與我們最初的父母相似，我們希望遮蔽自己的裸體（創三 7 ～ 10）。然而，人墮落的另一個更具傷害性的結果，是上帝原來所造為美好的事物被用作傷害他人。當中最廣為人知並具毀滅性的例子是性虐待。當一些人被性虐待，他們人格的核心會被破壞。以這種方式呈現性和性慾望，是罪如何污染和扭曲本是美好和美麗的事物的一個活生生的例子。上帝創造我們成為有性別的生物，而性慾望提醒我們，與他人以至最終與上帝建立關係是與生俱來的需要。性慾望是展現我們如何按上帝的樣式被造的必要一環，正因為性慾望是極為重要，所以性創傷對我們帶來的傷害亦十分嚴重。不幸地，性虐待已經過於普遍。現在已很難找到有關性虐待的罪案的可靠統計，因為被報導出來的個案數目往往比實際發生的少。調查員亦對如何定義性虐待（例如要求侵犯者與受害者的年齡差距，受害者的最大年齡等等）意見分歧。計算所有量度的困難在內，大部分專業人士估計，每三至四名女孩之中，便有一人在十八歲以前被不同方式性虐待。[7]

在這個墮落的世代，性虐待並非性慾望被誤用的惟一方式。作為女孩和婦女，若我們被迫——從朋友，男朋友，甚至是丈夫——去做任何我們不願意接受而有關性的**任何**行為，這表示我們的聲音被壓制，而自我的身分亦被貶低。除了對我們非常重要的人迫使我們作出有關性的行為所帶來的傷害外，我們的男朋友或丈夫將他們的性能力專注到其他女士身上亦具侵犯性。若我們的伴侶以不當的手法解決強烈的性需要——不論是透過不道德的關係、對其他女士的幻想或色情媒體——這些都會損害和貶低我們的自我價值和尊嚴。

性和性慾望是禮物，它們是美好的。但當性被用來侵犯我們的基本權利——我們保持自身安全的權利、我們選擇何時初嘗性愛的權利、我們保持忠貞的權利、我們選擇如何及何時進行有關性的事的權利——則性便變成一種武器。當女性被性侵犯，不論是透過性虐待、非自願的性經歷或伴侶的不忠，她們會感到恥辱和污穢。我並不是說丈夫在互聯網上瀏覽色情網頁幾次，就等同於多年的兒童性虐待，但我確信任何形式的性侵犯均會導致罪疚和恥辱的感受。耶穌醫治我們最深的傷口，而當那些傷口代表我們的性純潔和忠貞已被強奪去，我們仍有純潔的盼望。

若你曾被性虐待，你便會容易忽略自己——你的無辜、你的脆弱和你的性慾望。可是，不去重新發現你自己這些隱藏了的一面，你便無法找到醫治和完全。這是要走回頭路——回到你可能渴望忘記的傷痛之處。只要你躲避那些人生的陰暗面，它們便一直在你生命裏掌權。雖然《尋求醫治的勇氣》(*The Courage to Heal*)——一本為曾在童年時受到性虐待的婦女所寫的經典書籍——一書的作者指出，走向被醫治的道路並不容易或無痛，但它是直接的，「所有你所需的、能讓你回到痛楚的源頭的安全感和支援，使你找到你需要重新開始、被聆聽、被撫慰的感覺，並使你學習去自我慰藉」。[8] 做「回到痛楚的源頭」的決定或許是不可思議。但**不**回去的決定卻是不被醫治、不成長、不生活的決定。

性虐待不單會導致自我關係斷絕，還有和上帝及其他人的關係斷絕。當我們被痛楚困擾，便會常常將精力投放到嘗試保護自己，以免將來再受到痛楚。可是，當我們的生活只專注於迴避可能再次傷害我們的事和人，便會令我們錯失了生活的樂趣。耶穌拿出更多例子。在約翰福音十章10節，祂告訴我們：「盜賊來，無非要偷竊，殺害，毀壞；我來了，是要叫羊得生命，並且得的更豐盛。」若你曾經歷性虐待的浩劫，從你身上被盜取、殺害、毀滅了的有很多。無論那破壞者做過甚麼，基督已為復興和贖回你而作工，因此，讓我鼓勵你接受基督的幫助，以啟動醫治的程序。只有通過投入到那刻意要戰勝自身痛楚的過程中，才使你有機會活出「完全」的生命。若有人曾性侵犯你，要信任他人或許是一件近乎不可能的事。舉例說，若你曾被一名男子強姦、虐待或施暴，那可能誘使你視任何男士都有潛在危險和不可信。如此是非黑白的想法是一種自我保護——一些男士（和一些女士）**是**危險的——但這同時是不準確：並非所有男士（或所有女士）都是危險的。耶穌所應許的，是一種在羣體中生活的生命。為要回應那在羣體中生活的召命，或許你接受一個受過專業訓練和具有經驗的基督徒治療師的支援和引導，好與你一同走那醫治的旅程，會對你甚有幫助。[9]

與過去曾經歷性虐待或非自願性行為的婦女不同，部分婦女正受著與性沉溺的丈夫為伴而產生的心理創傷，那些丈夫正被困鎖在隱祕的性慾世界之中。若你重要的另一半在肉體或情感上有外遇，或受著沉溺於色情媒體或自慰的困擾，這些隱祕的行為正侵犯你。那走向醫治的是一條複雜的道路，因為牽涉在這令人傷痛的關係的，並非只有你一人。你要尋求專業治療師的協助，尤其在性沉溺方面是專業的。一些教會為有性沉溺的人的配偶設立支援小組，這會有助你展開醫治的旅程。若你的丈夫有某種性沉溺，設法明白他的困擾也是有益處的。[10] 若你未婚但卻選擇留在一個在行為上正侵犯你的男朋友身邊，專業輔導對你尤為重要，這可使你能探索界限、任何可「拯救」你伴侶的內在動機、或是在你現有的關係中不斷重複的傷害性行為。

在你個人的醫治方面，必須容許你自己去哀傷——為著失去了盼望，失去了信任，或有可能失去了你的關係。醫治可能包含為你的將來，以及如何最能保護你自己和孩子們所作的決定。當你丈夫在性方面侵犯你，不論他是侵犯你還是其他人，這並非上帝的本意要你如此經歷性。性的本意是親密的愛的一種美麗和安全的表達。當這安全感被奪去時，這是極為痛苦的。雖然耶穌提供了醫治，但這並不表示你的丈夫就會有所改變。你所尋求的自身的改變，就是你那惟一可保證的改變，而當中的成長過程，乃是透過鼓起勇氣，緊握耶穌的手，與祂一同走過你所受的傷痛和背叛。我們個人如何察驗得到醫治，在某程度上是一個謎。當中沒有簡易的公式，而我們所能作的解釋亦僅此而已。但我們確切知道，透過基督就有醫治的可能。

性罪行阻止性完全

雖然性慾望已被羞恥和暴力所扭曲，但它亦被另一個重要的方式所顛倒，那就是我們自身的罪性。若不探索個人罪性的角色，便不能在墮落的世界裏坦誠地討論性慾望。在文化上，雖然我們學會當提及「**罪**」這字便坐立不安，但這是我們的世界裏真實的一面。事實上，這是我們的世界的現實。我們難於感到在性方面的完全，其中部分原因是罪——不單是一般的罪，更包括我們自身的罪。我們糟蹋了的事，我們犯了的錯，我們後悔的事。我們常常會做不應做的事，並會想不應想的事。儘管我們對自己坦誠，但不論我們有多渴望過著忠貞和純潔的生活，我們不能一直做到。我們一次又一次的跌倒和搞垮。

即使我們深知自己是不完美，但要察驗自身的罪是令人不快的。我們的文化從多個方向驅使我們遠離誠實地檢視內在個人的罪。談論性而不提及罪，就很容易變得泛泛而談。心理學家馬克．麥克明（Mark McMinn）提出我們已把罪的深層語言轉換成流行心理學的淺層語言。

> 探索家長與孩子之間的關係，尋找相關的生理解說，並明白不正常家庭的關係也是好的。但其中沒有一項能取代罪的語言。當一些人重複地說：「我很好，你也很好」時，總結地說：「我是一團糟，你也是一團糟」更添智慧。我們各人都正被困在一個罪惡世界當中，在我們的生理、密切的關係和任性的選擇中均顯現出罪惡。[11]

馬克．麥克明並非指出我們要摒棄心理治療，他是要辯明一個忽略我們自身的罪的成長旅程是空洞無物的。若要明白性慾望如何被墮落所扭曲，我們必須審視我們自身在性方面的罪。

我們被呼召要性純潔：「你們要逃避淫行。人所犯的，無論甚麼罪，都在身子以外，惟有行淫的，是得罪自己的身子……所以，要在你們的身子上榮耀上帝。」（林前六 18、20）雖然我們被召以我們的肉身和過著性純潔的生活來榮耀上帝，但我們卻做不到。潘可寧寫道：「罪觸怒上帝的方式不單於直接遠離或侵犯上帝，而且遠離或侵犯了上帝所造的。」[12] 縱然我們能在性方面犯罪的具體方式數之不盡，但不論我們曾是性濫交的青少年，或曾與未婚夫做了多於現在回首所願曾做過的事，我們在性方面犯罪時，已「遠離和侵犯」了上帝以及上帝所造的，而且所造成的傷口是揮之不去的。我想到一個名叫凱瑟琳（Kathleen）的友人，她在十八歲時墮入愛河，隨後與她的男朋友首次性交後便懷了孕。縱然他們約會只有一段短時間，但凱瑟琳與她的男朋友結了婚，現時並育有三名子女。然而，凱瑟琳為她過去的性罪惡的悔疚，一直困擾著她，她不斷行善，期望可補償這些罪，包括在教會中作義務事工，替鄰舍照顧嬰孩或在她子女的學校中幫忙。然而，不論她在做甚麼，她永遠不會感到這些行為足以彌補她的罪。

凱瑟琳是正確的。與我們各人一樣，她做任何事也永遠不足以修補自己。我們的盼望並非建基於行善，這樣做永不能叫我們接近上帝所要求的完全。當我們嘗試從好行為中尋找安慰，就注定會失望。我們所渴望的，並非擁有自我拯救的能力，而是出現一個拯救我們的人。基督教所帶來的好消息是耶穌降世為人，扭轉了墮落的影響，並贖回那些醜陋的、破損的和扭曲的人。耶穌醫治我們的傷口和赦免我們的罪，我們曾被偷去的，也給回我們。耶穌完全的生命和祂最後的死亡，為要成就上帝的公義，絕對不會姑息罪惡。透過祂的獨生子為我們受罰，我們得以擺脱犯罪的永恆結局，並表明上帝有能力從痛苦和罪惡中贖回我們。可是，當我們在性方面犯了罪，便很容易落入謊話的網羅之中：**我不配與人結婚，因為過去我沒有服從上帝，也沒有持守貞潔。我不配在婚姻中得到一段性滿足的關係，因為我沒有等到結婚便有了性行為。我為了榮耀上帝而把自己的身體留待至婚姻，因此我現在必可享受性愛。這刻的性不愉快，是上帝對我的不服從的其中一種懲罰。**

若上帝原諒我們，那麼祂**必會原諒**我們。我們若承認自己的罪，上帝是信實的，是公義的，祂必赦免我們的罪，洗淨我們一**切**的不義（約壹一9）。上帝並不會以性痛苦和不愉快來懲罰我們。若要獲得上帝的寬恕，我們必須相信祂。相信祂的應許。相信祂知道我們所有的罪，並完全赦免我們的罪。只有當我們接受上帝的寬恕，才能寬恕自己，並向前活出自由和喜樂的生命。當然，上帝的寬恕不能除去罪的自然後果。當少年凱瑟琳戰戰兢兢地跪在牀邊認罪時，她亦懇求上帝不要讓她懷孕。雖然她得不到渴望得到的答覆——上帝制止她犯罪的後果出現——但上帝已將起初的羞愧和後悔，轉化為在凱瑟琳的家庭中建立了一些美好的事。

可是，我們有時卻不認罪。我們多麼懼怕上帝，並為那些我們不想被祂看見的罪而羞愧。然而，上帝最奇妙的是，祂從不會被我們的罪嚇怕。我們不能叫祂震驚。我們不能做甚麼可惡的事，使祂拒絕我們或離開我們。正如巴刻（J. I. Parker）所寫道：「當我知道祂對我的愛是完全的真實時，帶給我無比的釋放。這是基於祂預知關於我的一切，不論我是如何常常對自己感到失望洩氣，現今的發現沒有一樣能使祂對我的希望幻滅。」[13] 我還記得當我在密歇根州立大學（University of Michigan）的宿房中坐著，首次閱讀巴刻所寫的文章時，我被自己在性方面的罪疚所困擾。我一直期盼得著潔淨，而巴刻確切地描述了我的感覺：在我蹣跚的腳步中醒悟。在羞愧之中，我想要躲避上帝。知道上帝能看見我——我一切糟糕的事——但祂仍愛我，這是多麼奇妙。當我們嘗試躲避上帝，便失去了祂的寬恕和救贖大能的奇妙恩典。這寬恕應能感動我們，就如它在大衞身上所作的，可見於詩篇一百零三篇 2 至 5、10 至 12 節：

我的心哪，你要稱頌耶和華！
　　不可忘記他的一切恩惠！
他赦免你的一切罪孽，
　　醫治你的一切疾病。
他救贖你的命脫離死亡，
　　以仁愛和慈悲為你的冠冕。

他用美物使你所願的得以知足，
　　以致你如鷹返老還童……
他沒有按我們的罪過待我們，
　　也沒有照我們的罪孽報應我們。
天離地何等的高，
　　他的慈愛向敬畏他的人也是何等的大！
東離西有多遠，
　　他叫我們的過犯離我們也有多遠！

當我們犯了性的罪，就會在絕望和破損的窪坑中感到迷失。然而，在這位上帝之中我們有希望，這位上帝寬恕我們**所有**的罪，並從那窪坑中贖回我們的生命。相信上帝的應許，祂應許把我們的罪除去，直至罪與我們相隔有如東與西之分。贖回的性慾望是寬恕的性慾望——並趨向恢復的性慾望。

單身的性慾望

性的中心其實是關於追尋親密。史密德寫道，「性就是人類追尋親密溝通的天性。」[14] 我們是按上帝的形象所造，如此，我們就是一個有性的個體，渴求最深的聯繫。可是神學家葛倫斯指出，我們不是單單——甚或是根本地——透過在婚姻中的性關係，才能在關係中反映上帝的形象。反之，我們的性更是提醒我們，我們並不是為這世界所造，而是上帝要預備我們作祂的新娘：「雖然婚姻基本上是男女關係，但聖經的敍述卻指出，末世論中提到的新天新地，就是世人的性慾望由起初命定，從而達致美滿的團契。因此，上帝的形象並不是單單，甚或是根本地在婚姻的契約中存在。」[15] 換句話說，最能反照上帝的形象，是與基督的身體——教會——有關，而不是依靠婚姻關係。

我們雖是有性的個體，但由於我們亦是有關係的個體，因此不必要有性才能體會關係上的親密。耶穌有著上帝完美的形象，而祂也是獨身的。既然我們的主選擇不踏上這條路，那性關係上的聯合又怎可能是通往親密關係的主要途徑呢？如果我們爭辯說，這是出於祂的神性，那麼我們就是在貶低祂的人性。上帝創造我們成為無可避免地互有關係的個體，在最深處渴望連合，而這親密的需要未必一定要用愛情或性去填補。

> 我們一旦發現自己實在是誰，就渴望在親密的關係中分享那個自我。對很多人來說，這段親密關係就是婚姻。然而這卻不是自然而然的。許多婚姻在肉體關係以外，卻沒有親密的聯繫。而許多單身的人，雖沒有性關係，卻在友誼中找著最深的分享。[16]

我們的性慾望驅使我們與他人連合。史密德說雖然性關係並非表示渴望聯繫的最表面途徑，但卻是最普遍的途徑。他建議單身者可以這樣表達關係上的渴求：「將自己奉獻與別人，而不包含任何肉體的關係。透過一個捨己的生命——就是性關係上連合的核心——他們就成為了完全人。」[17]

這個有關單身者的性慾望的態度，意即單身者可以透過「捨己」及真摯的友誼去表達他們的性慾望，對我而言合情合理。可是，當一個女士前來，她不能接受單身為一種選擇性的召命，反而是因為找不著一個一直找尋的生命伴侶，或因為寡居或離婚而單身的話，我就害怕提供神學的答案。我並沒有在她的處境走過，而我亦不想遏制單身受助者或朋友的真正問題或沮喪。

簡（Jane）三十餘歲，早幾年曾來找我輔導。她充滿自信、聰明和風趣，她熱愛她的工作，有許多有趣的嗜好。簡在這幾年也沒有約會過。關於上帝要召我們結婚或獨身，其實眾說紛紜，簡亦漸漸相信上帝對她獨身的呼召。但簡仍然渴望有人——一個伴侶和戀人，與她分享生命，生兒育女。當她看到她的朋友在家看小孩時，那就使她墮進傷心之處，就是她未能圓其為媽媽的心願。而且那又殘酷地提醒她，她的朋友正與伴侶一起同行。簡渴望有這種同行與親密，可是她只覺得生命中只是自己一人。簡憂愁地談到有人同行、一起回家那種悠然舒暢，亦討論到獨居的挑戰。當她的朋友與丈夫分擔家事時，簡在應付全職工作之餘，仍要煮食、清潔、購物、打理花園、維修家具等。更糟的是，簡的性需要近年更有增加的情況。可是，她可以怎樣處理這些衝動呢？她不接受婚姻以外的性關係，可她又看不到未來會有婚姻。

在渴求肉體及關係親密的道路上，簡作為一個單身女子，並不是孤單一人的。思考另一個單身女子的說話，這女子曾參與一個關於女性性慾望的大型研究：

> 個人而言，單身人士是很難在個人的慾望和無法尋找得伴侶中間取得協調。雖然我相信我們是可以沒有性生活地生存的，然而我卻更相信上帝的心意是要各人享受性。在墮落世界中的性，對我們許多人而言，仍然是個奧祕。[18]

這女子與簡同樣反映出作為單身女子，要應付性衝動和慾望，是何等的沮喪和混亂。我多麼盼望自己可以有一個既富神學根基，又在個人層面上有意義的回應，可以給一些擁有上帝賜與性需要而沒出路的單身女子。可是我卻沒有。清晰可見的是，沒錯我們可以透過不涉及性的親密關係，來表達對聯繫的渴求，但關於性的感覺又如何處理呢？

繆桃是個屬靈作家及單身女子。她提出，當我們因著死亡或離婚等而成為單身，這能推動我們親近上帝。「當人認知到生命破碎，可以問一個信心的問題：『上帝要告訴我一些甚麼呢？』」[19] 當簡和我同行的時候，這是我們共同探索的問題。雖然她的生命並不是因著失去丈夫而破碎，但她卻是失去了擁有一個丈夫的夢想。在我們的輔導關係中，我們一同為那失去感到哀傷。當然，簡的獨身狀態是可以改變的，但她來找我的時候，主要原因是她相信上帝呼召她過獨身生活。即使在她追求那召命時，我們為到她對愛情——情緒上及肉體上——的期盼與慾望而哀慟。我沒有告訴簡她應該為上帝賜給她的許多恩賜而高興，縱然她的生命裏充滿美好的東西。我不是要說，簡要凡事滿足，雖然我自己也相信腓立比書四章12節的真理，就是在任何景況都學會知足。[20]我沒有裝作明白她的經歷，因為那是不誠實及虛偽的。我無法想像簡的生活是怎麼樣。相反，我嘗試在簡的痛苦、懼怕及悲傷中，與她同行。

當我與簡同行時，她教導我在失望之中尋得平安，在破碎之中尋得完全，以及在沒有預期的地方尋得愛與熱情。如繆桃所寫：「單身讓一個人有機會以一個全新的方式去享受生命。一個人可以專注於這情況的限制，也可以有創意一點，發掘其中獨特的可能性。」[21]簡重申了我堅定的信念，沒有比這更簡單的答案，真正的親密是在真摯及坦誠的羣體中找到的。雖然簡並不是活出她心目中的生活，但她教導我要被恩典觸動——因為，某程度上，簡開始以一個之前未曾想像過的方式，在她單身的路上尋得喜樂。

旅程上的工具

為你所失去的哀傷。我們的性慾望可以是喜樂和歡愉的根源，也可以是失望和失去的地方。有些人曾被性侵犯；有些人持守獨身，因此沒有機會在肉體上表現他們的性慾望，儘管他們有性特徵及衝動；還有很多人是在性親密的關係中感到痛苦或失望的。要在完全之中成長，為你曾失去過的哀傷，就是重要的一步。

倘若你曾在某情況下被性侵犯，你會經歷失去。倘若你年幼時曾被性侵犯，在你情緒及肉體上預備好的時候，卻就失去了可以選擇進入性的世界的機會，你失去了可以選擇與誰發生首次性行為的機會，你失卻了作小孩的天真與軟弱，你也許失去相信男人的能力，又或不能不帶著內疚或痛苦去經驗性。你失去獨特的你和你的故事。然而，醫治的其中一個必要的方向，就是要道出這些失去，並為它們哀傷。

如果你是一個單身女子，一直渴望有個伴侶可發展親密關係，例如是肉體上的親近以及同在的陪伴，你也經歷過失去。當你對未來的盼望遭到挫折，以及你與可信的另一半一起過活的夢想卻沒有實現，你會覺得被出賣或感到失望。如果你渴望向另一人表達你的性慾望，並且享受性愛的歡愉，那麼孤獨的痛楚就會更大而難當。如果這些東西確實存在於你的經驗裏，那麼你同樣要為你所失去的感到哀傷。

如果你已婚，而性生活未能滿足，甚至是痛苦，那麼你也要為你所失去的而哀傷。可能你一直等待至結婚才第一次有性行為，但現在你的性生活卻是痛苦或令人厭倦的，你不能享受到歡愉。而且你無法逃出由女孩時學習到視性為羞愧或骯髒的感覺。你看婚姻以外的性行為就如電影或電視上那樣狂喜，就奇怪為何你渴望得到性滿足，卻又美夢幻滅。雖然你做對了事，可是你的性生活卻遠遠說不上是美滿。同樣，你也要為到你真實的性生活不能滿足、你的期望或夢想而哀傷。

或許你所失去的，是與丈夫的背叛或不敏感有關。雖然你渴望相信丈夫，建立一個心靈及肉體上安全而親密的關係，但你的盼望卻隨著丈夫暗中的性生活而失去。同樣，你也要為在關係中失去信任和安全感而哀傷，也要為你在丈夫的背叛中所經歷的痛苦而難過。

又或許你需要哀悼失去貞潔——即使那並不是由你主動取去。可能你為著你所犯關乎性的罪而感羞愧，你需要把這些羞愧放在基督的腳前。要記住，你的過去並非你的主——基督是主，並且祂已拯救和救贖你。你的過去並不能決定你是誰或你將會成為誰——基督才可以。因此，哀悼過去，然後求上帝幫助你放手，因為在基督裏你已是新造的人。即或在性這一方面，也有可能可以經歷到上帝的挽回與更新。要完全接受這點，是要花點時間，但無論需要多久，祂也不會放棄你的。

說出和哀悼你所失去的，並不能改變過去。雖然它也無法奇迹地令事情轉好，但那可以改變你。而當你開始內在轉變的過程，你也同樣是向著醫治和完全方面成長。

接受教育。許多女性為性慾低、性交時的痛楚、無法經歷性交的歡愉或高潮而感到掙扎，這是因為她們缺乏基本的性知識。性，在某程度而言，是由四個階段組成的生理反應：刺激、穩定、高潮、解決。在男人和女人身上，這不同的階段就帶來不同的身體改變。明白這些身體上的改變，並且注意到男女這方面的分別，就能幫助你明白自己的性經驗。清晰地明白男女身體的不同及敏感位置，可以幫助你和丈夫彼此讓對方感到歡愉。我在輔導中所見許多的女性，從不會談及自己的性器官，更不用說要複雜精細地了解它們的樣子，它們是怎樣被刺激、甚或怎樣達致高潮。電影時常把性描繪為原始及極樂的經驗，當然那是事實，可是卻不是奇迹般地發生。學習關於性及你自己的身體，不會讓肉體關係失卻了浪漫。相反，那更很大可能令你與你的伴侶經歷到更大的歡愉與親近。

性教育並非一些你要獨自去做的事。你與丈夫的性關係也不單是你的責任；那是你與丈夫共同承擔的。你倆可以一同受教育。如果你們其中一方感到痛苦或沒趣，那麼兩人也要同樣主動去創造一個安全的性環境，容讓清楚、開放的溝通，以及成長和醫治。如果這聽來令你感到受威脅的話，我會鼓勵你去反思婚姻生活中的深層問題，並且跟輔導員談談。一起閱讀一本關於性的好書，可以幫助你們認清一些影響性親密的婚姻問題。羅西瑙（Doug Rosenau）的《性的禮讚》（*A Celebration of Sex*）是個好開始。[22] 羅西瑙是性治療的專家，他提供正確的教育以及實際的練習與介入。

舉例說，如果你想經歷美好的性愛，首先必要對性有正面的想法。羅西瑙提出，「性是包括八成的幻想（幻想和意念）及兩成的摩擦」。[23] 因此，如果你想提升你的性慾和歡愉，就要改變你對性的想法。如果你告訴自己，性是污穢及令人作嘔的，那麼你就不會想要性或享受它。相反，如果你告訴自己性是美麗及色情的，那麼你就能有更大的興趣。想像一下你與丈夫做愛，穿一些幫助你覺得自己性感的內衣。預備氣氛，播放刺激感官的音樂，點起蠟燭，幻想與丈夫一起的美好時光。

如果只是看看關於性及你自己身體的書也叫你覺得不舒服，那麼就得花些時間去檢視一下，你可能已內化一些關於性的負面信息。列一個表，寫出你自小學時學習到關於性或你身體的東西。要誠實地，不要作任何修改。寫出你在公眾或私下從電影、電視、老師、同學、父母及兄弟姊妹所取得的概念。然後重新審視你的列表，挑戰那些具傷害性的信息。用更健康和坦率的想法來質疑這些信息。要提醒自己，上帝按祂的形象創造你為有性的個體，而性的設計原意就是歡愉。讀舊約的雅歌，然後反思一下你對這位把這種色情的愛情詩歌放在祂話語內的上帝，可以有甚麼學習。

邀請上帝進入睡房。上帝創造我們的性慾望和性，原是美麗而美好的，可是那美麗卻被我們的文化扭曲了。把你的恐懼羞愧、罪惡問題帶到光明之中。把你的性慾望呈獻給上帝，並請求祂醫治的觸碰。如果你是已婚並在性關係上感掙扎，就在發生親密關係之前，甚至期間向上帝祈求，求祂幫助你放鬆，並用你的行為去榮耀祂。把你獨特的請求和需要交給祂。不要躲避祂，反倒要走向祂慈愛的懷抱中。你可以這樣禱告：「上帝，請幫助我放鬆自己，以致可以享受這段與丈夫一起的時間。幫助我對祢賜給我的身體，以及祢所設計的性愛不感到羞愧。幫助我得著自由與自發。賜我喜樂與歡樂的靈。」禱告的用語並不重要，重要的是，把你的性慾望及性帶到上帝跟前，並懇求祂使你有能力接受那些為禮物。

我們許多人會對我們自己的性慾望或性行為感到羞愧，以致在上帝面前隱藏我們原始的性，我們有些人則會被關於性的罪所牢籠，然而就如納蘭摩爾在他《不被定罪》（*No Condemnation*）一書中指出，「**內疚**這詞從來未曾在新約以情緒的方式出現過」，而且「基督徒也**從沒**領受過要感到內疚的誡命」。[24] 上帝呼召我們成為聖潔，有生命上的改變，而不是在內疚中停滯不前——那往往只會令我們改變不了。如果單單想到上帝在你的性關係裏最軟弱的時刻看著你，已叫你感到羞愧和內疚，那麼你可以把那些感受帶到上帝前。你是有性的個體，因為上帝選擇如此創造你，而你的性關係正正是表現和反照祂屬天的愛。當你嘗試將你的赤裸和性慾望在上帝面前隱藏，最終只是在重演伊甸園的一幕。然而基督來到就是要扭轉結局，以致你不需覺得羞愧。倘若我們不把那破碎的帶到我們的醫治者面前，就不能渴望得醫治。

當你在通往完全及醫治的路上，與上帝傾訴，你就是邀請祂為你指引前路。雖然上帝應許與我們同在，但我們有時也會忘記祂在哪裏。也許我們看不見祂，甚或不會尋找祂，又甚至根本沒有具體的證據證明祂的同在，可是禱告能夠再一次校準我們，看到上帝在我們生活中的同在。

生命並不是區分為世俗與神聖的——生命中的一切皆是神聖的。上帝時刻都與我們一起。就如俗語所說「命定與否，上帝就在這裏」，上帝並非只是當我們在教會，作宗教討論或聽基督教音樂時才存在的。相反，當我們與姊妹吵架，整弄頭髮，又或是與丈夫親近時，祂也與我們同在。性慾望並不是一項我們需要為此躲避上帝的東西。相反，性是由上帝所創造的，而且對我們的個人特質而言也是必須的。雖然那其中的精義可能已被扭曲，但是基督來到世上，就是要扭轉墮落的效力。因此，擁抱你的性慾望，因那是給你的一份禮物，並容讓上帝同在其中。

註釋

1. Lewis Smedes, *Sex for Christians: The Limits and Liberties of Sexual Living* (Grand Rapids, MI: Eerdmans, 1976), 31.
2. Susan Annette Muto, *Celebrating the Single Life: A Spirituality for Single Persons in Today's World* (New York, NY: Image Books, 1985), 179.
3. Smedes, *Sex for Christians*, 33.
4. J. R. Heiman, "Sexual Dysfunction: Overview of Prevalence,

Etiological Factors, and Treatments,” *Journal of Sex Research* 39, no.1 (2000): 73 ~ 78; E. O. Laumann, A. Paik and R. C. Rosen, “Sexual Dysfunction in the United States: Prevalence and Predictors,” *Journal of the American Medical Association* 281, no.13 (1999): 1174.

5. Lisa Graham McMinn, *Growing Strong Daughters: Encouraging Girls to Become All They're Meant to Be* (Grand Rapids, MI: Baker, 2000), 168.

6. Heiman, “Sexual Dysfunction,” 73 ~ 78; Laumann et al., “Sexual Dysfunction in the United States”, 1174.

7. U. S. Department of Health and Human Services, “Child Sexual Abuse: Intervention and Treatment Issues,” Child Welfare Information Gateway (1993) <www.childwelfare.gov/pubs/usermanuals/sexabuse/sexabuseb.cfm>.

8. Ellen Bass and Laura Davis, *The Courage to Heal: A Guide for Women Survivors of Child Sexual Abuse* (New York, NY: HarperPerennial, 1988), 120.

9. 我極之推薦你閱讀 Dan Allender, *The Wounded Heart* (Colorado Springs, CO: NavPress, 1990)，這是一本有關兒童被性虐待，尋求個人輔導後復原的書籍，書內提供了一種獨特的基督教治療方法。你還可以購買這書的練習簿，簿內包括有關日記寫作練習的指導和其他活動。其他兩本有關性虐待復原的經典書籍分別是Wendy Maltz, *The Sexual Healing Journey: A Guide for Survivors of Sexual Abuse* (New York, NY: Harper, 2001)，和 Bass and Davis, *The Courage to Heal* (New York, NY: Harper & Row, 1990)，這書亦設有獨立的練習簿，提供活動。

10. 有很多書籍都提供一些性沉溺的全面檢查資料，例如 Stephen Arterburn, *Every Man's Battle: Winning the War on Sexual Temptation One Victory at a Time* (Colorado Springs, CO: WaterBrook, 2000)，和 Harry W. Schaumburg, *False Intimacy: Understanding the Struggle of Sexual Addiction* (Colorado Springs, CO: NavPress, 1997)。專門為性沉溺者的妻子所寫的書籍有 Laurie Hall, *An Affair of the Mind* (Wheaton, IL: Tyndale, 1996)，和 Marsha Means, *Living with Your Husband's Secret Wars* (Grand Rapids, MI: Revell, 1999)。

11. Mark McMinn, *Why Sin Matters* (Wheaton, IL: Tyndale, 2004), 20.

馬克．麥克明是參照 Thomas Harris 於一九七四年所寫的 *I'm OK–You're OK* 一書。

12. Cornelius Plantinga Jr., *Not the Way It's Supposed to Be: A Breviary of Sin* (Grand Rapids, MI: Eerdmans, 1995),16.

13. J. I. Packer, *Knowing God* (Downers Grove, IL: InterVarsity Press, 1973), 42.

14. Smedes, *Sex for Christians*, 32.

15. Stanley Grenz, *The Social God and the Relational Self: A Trinitarian Theology of the Image Dei* (Louisville, KY: Westminster John Knox Press, 2001), 302.

16. Letha Dawn Scanzoni and Nancy A. Hardesty, *All We're Meant to Be: Biblical Feminism for Today*, 3rd ed. (Grand Rapids, MI: Eerdmans, 1992), 256.

17. Smedes, *Sex for Christians*, 34.

18. Anonymous participant quoted in Archibold Hart, Catherine Hart Weber and Debra Taylor, *Secrets of Eve* (Nashville, TN: Word, 1988), 201.

19. Muto, *Celebrating the Single Life*, 58～59.

20.「我知道怎樣處卑賤，也知道怎樣處豐富；或飽足，或飢餓；或有餘，或缺乏，隨時隨在，我都得了祕訣。」

21. Muto, *Celebrating the Single Life*, 62～63.

22. Doug Rosenau, *A Celebration of Sex: A Guide to Enjoying God's Gift of Sexual Intimacy* (Nashville, TN: Thomas Nelson, 1994).

23. Rosenau, *A Celebration of Sex*, 86.

24. Bruce Narramore, *No Condemnation: Rethinking Guilt Motivation in Counseling, Preaching, and Parenting* (Grand Rapids, MI: Academie Books, 1984), 291.

9

追尋聯繫

發展健康的親密關係

基督徒的靈程是一個與人同行的歷程。

我們每個人都有自己的歷程，

而對我們每個人來說，

這歷程皆是獨特的。

然而，我們卻沒有一個人是刻意孤單走這路程的。

貝內爾（David Benner）

《屬靈同路人》

（*Sacred Companions: The Gift of Spiritual Friendship & Direction*）

親密的意思是我們可以在一段關係中做回自己，

並且讓另一個人也可做回自己。

勒納（Harriet Goldhor Lerner）

《親密關係》

（*The Dance of Intimacy: A Woman's Guide to Courageous Acts of Change in Key Relationships*）

我的丈夫最怕和我一起選影碟。他興致勃勃地問：「這個怎麼樣？」他拿起一套影碟，上有一個士兵正爬出坦克，滿頭大汗，背上機關槍。「他們會互相槍擊，多於對話嗎？」我問他。他歎一歎氣，就把影碟放回原處，又極期盼地凝視動作冒險片的一欄。

我和丈夫總喜歡打趣在爭吵該看哪齣電影。剛才我提出槍擊與對話的問題，其實也是以另一個方式問他那電影中是否有明顯的關係向度。我喜歡看溫情片，而不單只是關於愛情的。我倆都喜歡看溫情片（而他就比我更愛看戰爭片）。我們愛看一些母女、父子、鄰居、兄弟姊妹之間，因著渴望彼此了解及被了解而產生的共同掙扎。當我看到這類電影、書籍、歌曲、電視劇是如何受歡迎時，我就知道有很多同道中人。

人皆重視關係，那是不錯的。我們乃按上帝的形象所造，正因如此，我們就成為有關係的個體。就如我先前討論過的，有些神學家建議我們，最基本能反照上帝的形象，就是在關係之中，「只有在與別人的團契裏，我們才能表彰上帝是怎樣的，因為上帝就是愛的羣體——聖父、聖子和聖靈之間的恆久關係」。[1] 我們渴望有既健康又完全的關係，這不單是指與配偶或男朋友的關係。我們希望與母親和女兒、姊妹和朋友聯繫。正正是在這些親密的關係中，我們最能反照上帝。雖然我們渴望被我們所關心的人了解，也希望深入地認識他們，但是我們常常覺得在關係中欠缺這種親密。

在渴求健康及完全的關係之際，我們有些人會太刻意追求這種親密，以致不惜做任何事去維繫這段關係，甚至在過程中失去自己。我們另一些人又太重視關係，以致追求凡事完美，對別人有不切實際的期望——不讓別人做回真正的自己。范利奧雯稱這種對親密關係的自然追尋的扭曲為社交陷入（social enmeshment），而她更提出這是先祖墮落的其中一個結果。[2] 罪進入了世界之後，在創世記三章16節中，女人就被警告說，「你必戀慕你丈夫」。雖然男性和女性被召，同樣是行使應負責任的主權，充滿世界及管理它。可是，范利奧雯辯道，先祖墮落致使對那命令出現性別上的扭曲，「首先的（人類的罪）是嘗試去行使主權，而沒有尊重上帝設立男女關係的原意。而第二——這獨獨是女人的罪——是以保存那些關係作為藉口，不首先去行使應負責任的主權」。[3] 作為向上帝負責的受造物，我們有責任去管理上帝給我們的恩賜，而其中一項恩賜，就是我們自己。當我們為維繫與別人的關係，而限制、忽視或抑壓我們某些方面，就不是上帝恩賜的好管家了。同一道理，若我們堅持對方要做某些事，才能滿足我們在關係上的需要，就是沒有尊重這些恩賜。

在這一章中，我會探討這社交羈絆、糾結的影響，以及女性在關係中常遇到的挑戰。有時當我們聽到別人談論親密關係時，立時會聯想到，他們是指愛情或婚姻關係。然而，親密並不只限於在睡房裏，倘若我們只尋求透過愛情去聯繫的話，就會失卻許多親近的源頭。在這一章，我將會察驗一些技巧，協助人們與其他重要的人在關係上進深：朋友與姊妹、父母與配偶。為要建立健康的親密關係，我們必須以全人與對方交流，而不是把我們的某部分收起，又或偽裝成另一個人。再者，我們亦必須邀請別人成為完全的人，而不是要求或期望他們成為我們所希望或需要的，反倒要視他們為上帝所創造獨特的人。完全的關係要求**我們**學習在關係上忠誠，並且容讓及歡迎**他人**在關係中能夠真實自在。

在關係中表現真實

我曾經輔導珍妮（Jenny）。她是個三十三歲的單身女子，患有飲食失衡，希望尋求那親密的關係。孩童時期，她曾經歷感情創傷；青少年及成年時期，她極力不讓人知道自己有飲食失衡。結果，珍妮感到孤單和被隔離。她不喜歡和家人有太多相處的時間，因為他們總是以她為榮，認為她是「完美的女兒」。她不願去想，如果他們知道她離開飯桌後會悄悄地去扣喉，他們會如何的失望。在朋友方面，她總擔心他們留意到她總把那些食物運來運去。她感覺自己像個騙子，擔心她的朋友和她一起只是可憐她。她有些朋友已婚，另外有一些則與其他人更熟絡。珍妮時常覺得自己好像「電燈泡」。她覺得與家人、朋友、自己失去聯繫，即使她是極度渴求被關愛。雖然珍妮的經歷乃植根於她與飲食失衡的抗爭，但她的掙扎同樣可得到大多數女士認同：在極力掙扎去愛自己的同時，也極度渴望感到其他人愛自己。

貝內爾寫道：「要深切地在基督教靈修學上明白自己與上帝，必須深切明白別人，也讓別人明白自己。」[4] 珍妮與其他女性一樣，期望這種深入認識別人的進程，但卻又跳過認識自己的階段。在第七章曾經提及，倘若我們不認識自己，就根本無法在關係之中奉獻自己！因此，建立健康關係的第一步，是要認識自己。健康的關係乃由認識及尊重自己的人建立。在珍妮誠實面對別人，坦然分享自己是誰及一些掙扎之前，她首先要誠實地面對自己。對珍妮來說，那包括專業輔導，並要完成一個針對飲食失衡的密集療程。在輔導期間，珍妮明白到，除非她先與自己親近，發掘自己的喜惡，以及內在的恐懼、夢想、懊悔與傷痛，否則她永遠無法與另一個人真正親近。曼寧寫述：「經驗讓我知道，當我能與我的核心聯繫時，就最能與別人聯繫得到。」[5] 只有檢視內在情況，珍妮才能更加充分裝備，向外接觸，與其他重要的人聯繫。

健康和親密的關係，不但要求我們**知道**自己是誰，更加要我們與別人**分享**自己是怎樣的一個人。有些時候，那代表要分享內在的感受和意見，而不只是人云亦云，或偽裝成另一個人。有時，那代表要表現軟弱，分享我們的傷痛，因此，很多時我們都不願與別人分享真正的自己，反倒隱藏真正的自己。也許我們以過度的自信、酒精或其他物質，又或以說笑和戲笑來掩飾自己的不安感和恐懼。就如神學家多瑪士·杜倫斯（T. F. Torrance）所寫：「我們向別人表達，或想要表達的形象，已經與我們本身分離，所以那是一個騙人的面具。」[6] 這些面具使我們不能與別人建立真正的關係。

然而，放棄我們的面具，是需要勇氣的。有時，我們甚為害怕被拒絕或受傷害；「我們相信如果別人真正認識我們，就不會愛我們了。我們很多人內心深處也相信：如果某個朋友真的能看透我的內心，她會認識真正的我，就不再喜歡我了。我們相信，被人了解就等於不再被愛。」[7] 縱然我們害怕被誤解、忽略、輕視，甚至達到一個不能前行的地步，但若我們不冒險與人分享真正的自己，就永遠無法經歷羣體的喜樂與聯繫。

誠然，當我們表現軟弱，與別人分享真正的自己時，別人未必會以接納、肯定或支持來回應。然而，親密乃由我們開始，而我們只可以控制**我們**在一段關係中的身分。倘若我們想經驗到更大的親密，就必須奉獻上自己更多。心理學家史納屈（David Schnarch）提出，親密是要誠實面對自己，將自我與我們的配偶分享。他這樣區分「**別人**確認的親密」（other-validated intimacy）和「**自我**確認的親密」（self-validated intimacy）。在「別人確認的親密」中，我們會向配偶揭露關於自己的事，期望對方會重視、確認，同樣坦誠分享。置身這種親密之中，我們期待別人告訴我們是誰，令我們自己感覺良好。就如在第六章曾討論過，這種要求就等同把別人放在上帝的位置，他們是無法而且不應填補這位置的。史納屈以「自我確認的親密」作對比。在「自我確認的親密」中，我們與伴侶分享自己，並不是要求別人的接納和確認。有些心理學家將這種用以維繫我們的存在價值和身分的關係稱為「區別」(differentiation)。「自我確認的親密」和「區別」就如這樣：

> 我不期望你認同我；你處身世上，並不是要認定和堅固我。但我想你愛我——而你若不認識我，就不能真正愛我。我不想你拒絕我——但我若盼望被接納或與你一起感到安全，就必須面對那個可能性。[8]

在「自我確認的親密」之中，我們不會依靠伴侶來令自己感到自在；相反，我們依賴自我的價值和身分。

雖然這樣分辨自我和別人確認的親密是有用的，但是，更加好的是「**基督**確認的親密」(Christ-validated intimacy)。如果我只依賴自己而取得安全感和安慰，那麼我就必定會感到不適當，因為我總是把事情弄垮，不斷的跌倒。然後，我很自然就會找丈夫或一些朋友，來讓我感覺好一點。如果我們只是靠自己取得安全感，那就難怪我們要靠別人才能感覺良好了。我們皆是不完全、墮落的人。然而我們卻有一個更好的選擇——一個上好的選擇。就如傑克和茱迪·柏斯衛(Jack and Judy Balsurick)所寫：「仰賴基督就能減輕我們對配偶(或其他人)過度苛索的專注，要他們滿足我們的需要。」[9] 相反，我們可以仰望基督，在祂裏面找到我們的安全感、平安和身分。由於我們在基督裏已經完全，所以不用靠其他人讓我們感到完全或良好。有了這牢固的根基，我們就得著自由，可以按別人的本相去看他，而不是按我們希望或需要來看對方是怎麼樣的。基督來到世上，是要在各方面修復我們——包括我們與別人建立真誠關係的能力。雖然我們隱藏自己，裝模作樣來保護自己，但是基督已活出一個完美信實的榜樣。我們害怕被拒絕，可能會因此而卻步。可是，透過緊靠基督的工作，祂已成就一切，免去我們的罪和不完全之處，因此我們可以得著勇氣，放開面具，以真面目與人交往。

珍妮約見我輔導，已是一個冒險。她從來未與任何人談及她飲食失衡，或其他引致這病的因素。雖然她很害怕，但她卻覺得自己已無法再肩負這個擔子了。她知道自己需要別人的幫助與支持，因此就冒了個大險，把自己的故事與我分享。盧雲寫道：「當我們分享自己的痛苦，就產生羣體關係了。」[10] 當珍妮與我分享她的故事，我們就一同尋著這種羣體關係。我聽珍妮陳述她的故事，然後提出問題。在特別深刻的時候，珍妮一邊述說一些她感到傷害和羞愧的事情時，我就一邊淚眼盈眶。雖然我這樣可能會嚇壞珍妮，但她事後告訴我，分享真正的自己，的確是一個值得冒的險。珍妮感覺自己的重擔已被挪開，因為她不用偽裝自己甚麼都有，即使她害怕被拒絕或審判，但她知道，她與我正面分享自己的事，我就不會在事後才知道真相，因而感到失望、震驚或驚嚇。雖然珍妮害怕我會覺得她丟臉和污穢，但當她向我敞開，我看到一個漂亮的、受了傷的上帝的兒女。

我們聯繫上了，而我實在感恩這一天珍妮冒險來見我。

除了在認識自己並且在關係中分享之外，當我們培育**直接**的關係，也會同樣在完全中成長。當我們在關係中受傷，即使那是無意的，我們也很容易寧願選擇與別人談論我們受傷的感受、憤怒或沮喪等，而不是與那始作俑者分享。心理學家稱這種非直接的關係處理技巧為**三角剖分**（triangulation）。因為我們沒有直接處理，相反是創造一個三角形，分別是傷害我的人、我們自己及其他人。

舉例說，珍妮的妹妹琪琪有種刻薄的幽默，有時會深深傷害到珍妮。在我們交談期間，珍妮談及她最深的渴望，她想將自己的掙扎與琪琪分享，但她又害怕她這樣揭露了，會成為琪琪的話柄。因此，珍妮選擇不直接與琪琪說話，卻有時與哥哥傑克（Jack）說起琪琪的事，從而抒解她內在對妹妹的不體貼所產生的焦慮和沮喪。當傑克同意她，並提供一些關於琪琪說話傷害人的例子，這只會令珍妮感到沮喪。而無助她與琪琪發展一段更深入的關係，因為琪琪永遠不知道她是如何傷害珍妮，到了最終，琪琪都無法修補她與珍妮的關係。

雖然珍妮與傑克談論過他們共同的沮喪後，感到彼此更加聯繫。可是，這僅是一個建基於對第三方的投訴和不滿的虛假親密——而並非有共同的興趣、關懷與尊重。當有人傷害、觸怒、冒犯我們，我們拉另一個人下水，目的是要沖淡那些負面情緒所引起的張力。可是，要發展健康和完美的關係，是需要勇氣的。即或那是令人生畏，並且將我們放在一個容易受傷的位置中，我們也需要直接處理傷害。珍妮不應再與傑克討論琪琪，而是應該冒個險，親自去和琪琪對話。只有當她直接去給琪琪回應，她倆才能經驗到深層的親密。

三角剖分並非我們惟一處理受傷感受的解決方法。有時我們也會說些被動而進取的笑話或評語。其他時候，我們會對冒犯的一方甚麼都不說，卻又容讓自己的怨恨積聚成苦毒。然後我們就不知不覺地懲罰對方，將對方淡出自己的生活。珍妮不單會與傑克談論琪琪，有時琪琪致電給她，她也會不接電話，而且更常常在家庭聚會中避開她。

可是，關係應該是成長的根源。所以，當別人傷害了你，你更應誠實和清晰地表達出來，從而去祝福他。這的確不易，因為你要承認自己的軟弱。可是，分享那種傷害，可能就是一個門檻，帶領你到關係中的一個新境地。

珍妮冒這個險，不再做些自己覺得舒服的事——不與琪琪對話，與傑克談論琪琪等——而是開始直接與琪琪分享她的感受。珍妮對琪琪說，她很愛她，很想與她親近，卻又害怕向她敞開自己，因為她會怕琪琪會為減輕自己的痛苦而取笑她。雖然琪琪的防衛性很強，但她後來聽得出珍妮是真心想與她建立親密的關係。琪琪抬起頭，望著珍妮，對她說自己有時總是說笑，是希望給她留有深刻印象。她甚至承認自己嫉妒珍妮，因珍妮總是率先做所有事，又得到眾人的喜愛。珍妮決定冒險，與琪琪分享自己的創傷，結果是與她談了兩小時。她們彼此坦誠分享自己的童年、父母和自己對將來的恐懼。雖然沒有人能保證像珍妮那樣冒險就能延展至深入的聯繫，可是如果我們選擇**不去**冒險，我們就必然只能有膚淺的關係，無法進深及更加親密。

容讓別人成為真實

要培育健康而完全的關係，我們不單要待自己如完全的人，而且也要容讓及邀請他人成為完全的人。當馬圭爾對多夢西說，「你使我成為完整」，他展示了一個我們許多人皆墮進的文化迷思中——就是其他人可以令我們完全。可是，這只是個假象。如果我們想找到真正的親密，那就是我們首要放棄的東西。沒有一個人能夠告訴我們我們是誰，或者完完全全反照我們。沒有其他人可以令我們感到完全、良好、足夠或滿足。同樣地，我們也不能拯救另一個人，或使他完全。當我們嘗試拯救另一個人或者期望另一個人拯救我們，這便永遠無法享受到真正親密的喜樂了。

當我們尊重別人是與我們不同，就能容讓他們成為真正的自己。親密關係並不是像牛奶咖啡那樣，咖啡和牛奶已融和在一起，難以分辨。相反，它更像泡沫咖啡，你可以清楚嘗到，甚至看到咖啡和其上的泡沫。這中間有合一（一杯飲品），亦有多樣性（不同的味道和質感）。真正的關係是包含兩個人決定走在一起。「那是差異（區分）而不是融和（依賴），使人能有重要的聯繫和完全。」[11] 一段親密的關係是能接納及保守人與人之間的不同及界限的。

我曾與一些女性對話，她們對於聖經對婚姻的教導感到疑惑，不明白怎樣是成為兩個獨立的人。耶穌不是說過，我們「不再是兩個人，乃是一體的了」（太十九6）嗎？是的，我們被召與配偶在婚姻中合一，但這個合一是可接納差異的，並不是漠視或去除它們。那就與上帝在三一關係中經驗到的合一一樣——在多樣之中合一。

> 隨著三位一體的模式，那些關係的特點是共通性、彼此分享、以及在認識對方的過程中，同時讓自己完全被了解。在此等關係之中，有足夠的空間同時做回自己，並且與其他人產生關係。其中有位置去與他人相遇，以及透過他人遇見自己。絕對不會因為別人而失去自己。[12]

完全的關係就是容讓別人在關係中做回自己。神學家葛倫斯這樣說：「男女雙方結婚，當中的聯繫所產生的分歧之中的合一，應該也讓人看到三一真神之間的分歧中見合一。」[13] 我們不應為另一個人而失去自己；相反，我們明白自己和對方的界限，就不會漠視或擦去那些底線。

當我們視其他人為獨立的人，不再誤以為自己可以拯救別人，我們就得著自由，看到別人的真我，而不是我們希望他們是怎樣的。有時，我們心中可能會幻想有個完美的朋友或丈夫，然而真正的朋友或丈夫卻沒有那麼強壯、體貼、溫柔、自信、勇敢、果斷等等。就如史納屈指出，許多人「寧願與腦海中的幻想做愛，也不願與牀上的配偶親熱」。[14] 當我們生活中真實的人並不如我們不真實的幻想，我們會感到失望。我們已犯上一個錯誤，只想他們應該滿足我們的期望，而不是上帝創造他們的原意。結果，我們嘗試替他們做決定、或控制他們的選擇和意見，把他們模造成我們希望他們成為的人，而不是尊重及珍貴他們本身是個怎樣的人。

我間中也會這樣看我的丈夫，只想我覺得他應該是怎樣的，而往往事情就會這樣：他應該像我那樣做事、感受、思想。由用洗碗碟機到計劃旅行、再到教養兒子，當傑夫（Jeff）的方法與我不同，我有時也會感到沮喪。而每一次當我墮進這個陷阱，我就錯失了與丈夫（真正的他）相交那種喜樂。當我們嘗試去控制我們所關心的人，就會錯失了存異的喜樂。上帝創造我們每個人都不同，而不管我們如何深信祂也好，我們中間沒一個人能找到做「對」事的方法。當我們容讓所關心的人去表達自己，按自己的方法做事，我們就是在行動中表現愛。當然，人們有時也會犯錯，但當我們視他們為獨立的個體時，就想要保護和珍惜他們的自我，意思就是說，我們不會單單因為他們的處事方式與我們不同，就要指出他們的弱點或錯誤，貶低他們的自我。

當我們不再堅持要別人迎合我們的需要，要去拯救或保護、或被拯救或被保護，就免卻了用微小的努力去改變或修正另一個人。在過程中，我們會發現一份奇妙的禮物——另一個人真正的自己。然後，我們就可得自由，經驗和學習別人的恩賜。對我而言，當我容讓傑夫在婚姻中做回自己，就得著一份特別的禮物：他幫助我變得更靈活和自覺，這些都在幫助我更加享受生命和家庭。

當我們視別人為獨立的個體，讓他們做回自己，我們就能欣賞他們獨有的恩賜或性格，而不是只把這不同視為威脅。能夠容納不同之處，在女性的關係中尤其重要。女性之間的比拼是個超越時代的問題，傳媒更加繪形繪聲地描述這種爭鬥。舉例說，有多少次你在電視或電影上看過，一些女性在說三道四或在背後中傷別人？也許她們彼此攻擊，為的是爭寵，也有可能她們是家人。她們可能是兩姊妹在爭奪父母的寵愛，又或是婆婆要從媳婦手上奪回兒子的忠心。如果我們看日間的肥皂劇，女性之間的競爭更加可怕和危險。傳媒總是描繪女性彼此威脅，因此許多女性在她們的一生中都感到掙扎。費希爾這樣形容一個女人在女性羣體之中所面對的壓力：「她第一個反應，是覺得自己與其他人在比賽，而她也羞於承認，其實她不怎麼喜歡其他女性。」[15] 倘若我們不學習為其他同路的女性歡呼及支持她們，我們就無法在完全的路途上進深。

如果你時常視女性為競爭對手，並因此感到掙扎——不論該女性是你那漂亮的鄰居、你那愛批判的母親、你那具説服力的查經小組組長、你丈夫那才華橫溢的姊妹或母親、或你兒子那果斷的妻子——你可練習重整你的思緒。提醒你自己，上帝創造那個女性，乃是按祂自己的形象，並賜她有特別的恩賜和技能。而她擁有這些恩賜，其實並非針對你的批評，反倒是上帝如何透過她去表現祂自己。提醒你自己她是你的創造主的反照。

誠然，能夠欣賞差異，不單在女性的關係之中有益處。當我們在人們的恩賜、喜好和意見的不同，看到創造主的手，就容讓我們從一個新角度看分歧或挑戰。我們可以真正邀請其他人對我們坦誠，即使那可能代表他們會告訴我們，他們不同意我們的意見或決定，又或是在我們傷害或冒犯他們。我們可以學習視正面衝突和反對為恩賜，因為這些事顯示出，其他人相信我們，以致能坦誠面對我們，並且給我們一個機會去透過那「掙扎」成長，發展出更深的親密。當有人不同意我們、挑戰我們的意見，或決定以一種我們會感到被傷害或冒犯的方式，去當面與我們對質，實在很容易令人產生防衛性。然而，當我們懂得考慮別人的意見或反應，明白我們曾如何傷害或冒犯他們，並願意負上責任，更積極地尋求方法去修補和進深(關係)，這樣才能建立真正的關係。當我們希望發展親密關係，就需要開始視不同意和挑戰為機會，從而在當中成長，建立強大聯繫的方法。

可是，學習為分歧和挑戰而感恩，並不是容易的。當珍妮決定去尋求輔導，因飲食失衡及背後的抑鬱症吃藥時，她就被教會姊妹安娜(Anne)挑戰。安娜認為抑鬱症純粹是一場屬靈爭戰。對珍妮來說，要冒險與安娜分享她的掙扎和決定是重要的，因為當安娜分享她不同的意見時，珍妮極想隔離自己，不理會安娜。然而，珍妮開始經歷到在一些特選的關係中親密的可貴，因此她決定邀請安娜成為一個完全的人，即她與自己持不同意見。珍妮提醒自己，單單因為安娜不同意她的決定，並不表示安娜不喜歡**她**。珍妮本認為安娜不同意她，是針對個人的攻擊，但她隨即重整想法，並展開有趣而真情對話的機會，珍妮不是要嘗試**改變**安娜，而是透過這機會**更加認識她**。珍妮發現安娜曾患有產後抑鬱，而她丈夫想她服用抗抑鬱藥。安娜覺得，她丈夫希望她服藥，是想盡快解決問題，那麼他就不用再處理她的哀傷了。對安娜來說，要決定不服藥是困難的。而她亦馬上因此感到被丈夫批評。由於珍妮沒有啟動她的自我保護機制，因此就蒙福，得著一個非常真誠的對話，安娜亦在其中與珍妮分享自己的故事。那次的對話，開展了珍妮與安娜之間的一種新的聯繫。安娜漸漸明白，珍妮的決定是適合她的，而即使安娜自己決定不服藥，後來也極力支持珍妮以輔導和藥物對抗抑鬱。倘若珍妮沒有邀請安娜做回自己——即或這表示不同意或是個對她的挑戰——她就無法經歷跟安娜有這種的親密。

雖然我們可以容讓別人真實面對我們，尊重彼此之間的界線和差異，從而促進完全的關係，可是我們也可多走一步。當我們選擇表露自己的軟弱，用我們的聲音在愛中說真相——不但當這真相在分享傷痛，也當這真相在分享肯定與祝福時，我們就是孕育完全的關係。在帖撒羅尼迦前書五章11節，我們知道「所以，你們該彼此勸慰，互相建立」，但同時又被警告：這樣開放自己是很危險的。我們自我懷疑的聲音會控制我們，使我們失去活動能力，令我們產生畏懼，擔心別人不知怎樣接收我們的意見。**如果他覺得我太努力了怎麼辦？如果她覺得我愛奉承，不夠真誠怎麼辦？如果他沒有相同感受，而我卻暴露了自己的感受，那怎麼辦？如果她誤解了我的意思，以為我在施予同情，那怎麼辦？如果他認為我懷有機心，嘗試奪去他所認定的，那怎麼辦？**當我們容許這些憂慮攔阻我們，就是退到去一個自我保護的胡同裏——使我們與其他人分隔。我們接觸其他人，分享欣賞他們的地方，我們也不能保證他們會做同樣的事或有同樣的感受。**但我們無論如何也這樣做。**當我們邀請其他人成為完全，就能真正欣賞他們獨特的恩賜，並且當我們與他們分享我們欣賞的地方時，就能榮耀上帝。我們並不是要告訴別人，我們喜歡他們甚麼，從而令他們喜歡自己。相反，我們如此分享，為要鼓勵他們活出恩賜和召命。我們想他們知道，這些恩賜確然已觸動別人，即或他們不知如何接受那些肯定的意見。

渴望深入認識別人，而且深切被了解，乃是人的基本慾望。這也是上帝按祂形象模造我們的獨特反照。在關係之中，我們最能反照及仿傚上帝。在全盛期，關係更能讓我們稍稍嘗到上帝給我們的愛。關係並非只是人生旅程上的副產品。當我們在工作上遇到難事或感到灰心失意，關係並不能令我們好過一點。相反，關係是屬靈路上的**重點**。我的一個心理學教授，曾一度稍稍修改克林頓（Bill Clinton）「這是經濟啊，蠢材！」的競選口號，他會不斷重複說：「是關係啊，蠢材！」。生命就是關於關係。

基督來到世上，與世人建立關係。基督徒生活召喚我們投入與創造主的關係中。貝內爾辯道：「與人建立親密的關係，就是預備我們與上帝建立親密關係。」[16] 同樣，與上帝建立親密關係，亦預備我們與人建立親密關係。我們可以去認識自己，在關係中分享那個自己，從而發展親密的關係。我們亦可以透過邀請別人對我們真誠和誠實——欣賞、尊重、甚至讚揚他們獨特的不同和恩賜，進一步進深關係。雖然追求完全及健康的關係並不容易，並且令我們冒險及容易受傷，但仍然是值得的。叫我們感恩的是，我們有一救主，祂充滿我們，加力給我們去以祂的愛去愛。我們是被召去活出一個與人建立關係的生命，當我們留心那個呼召，就能榮耀及反照上帝。

旅程上的工具

照顧自己。當我們不照顧自己，就會不自覺地期望或找他人來照顧我們。當我們能照顧自己，就更加能接觸別人，讓他們做回自己。我們能照顧自己的話，就等於照顧了別人，因為那使他們不用去迎合我們的需要，帕克．帕爾默寫道：「自我照顧從來都不是個自私的行為——那只是管理好我惟一的恩賜，就是我在世上要奉獻給別人的。」[17]

自我照顧包括照料一些基本需要，例如是有充足的睡眠、均衡飲食及運動。當我們不照料這些需要，就會缺少活力——缺乏生命。結果，我們在關係之中，能付出的就較少。這個看似微小，但實質影響深遠的改變，能幫助我們有能力忠於自我，並容讓別人做回自己。自我照顧亦包括滿足深層的需要，這需要是因人而異的。自我意識是重要的，因為那能幫助我們明白及認清自己獨特的需要。在一日快要完結時，你可能會感到煩躁，因為你實在需要些時間去重整及減壓。你可能覺得重壓難當，因為你覺得拒絕別人很困難。自我照顧的意思，是知道你何時需要休息。找個人替你下午看小孩，或用一小時去探望舊朋友聚聚舊吧。

當我們照顧自己，就會知道自己喜歡做甚麼，並且會騰出時間去做。那就是說，我們會在繁忙的時間表中，找空間出來，玩填字遊戲、做園藝、跑步或做其他我們感興趣的活動。對珍妮來說，關心自己的其中一個必須的途徑，就是尋求輔導和服藥。這樣，她才能以一個真實的方式，有效地接觸她的家人和朋友。這不是代表那些愛她的人不支持她，而是她沒寄望別人代她打她自己當打的仗。找些方法去照顧自己，滿足最根本及深層的需要吧。

珍惜所有的關係。其中一個我們可以成長至在關係上完全的途徑，就是珍惜所有的關係——而不單是與家人和好友的。如果我們能在關係中充分反映上帝的形象，那麼我們就要視每段關係為彰顯上帝的愛與恩典的機會。在每段人際關係中，我們可以表現完全的自己，並且邀請別人亦同樣這樣做。可信賴性並不只限於與配偶或子女的關係。相反，我們可以訓練對自己，並且在所有的人際交往中，欣賞及看到別人的長處。曼寧寫述：「在每次的相遇，我們皆會獻上生命或浪費生命。沒有中立的位置。我們提高人類的尊嚴，或者摧毀它。那一天是成功或失敗，乃視乎那天我們向別人付出多少愛與關心。我們按我們對人類需要的回應，來為自己下定義。」[18] 我們接觸的每一個人，均帶有上帝的形象，當我們以尊重和尊嚴待他們，就是邀請他們做回自己。

這個星期，當你繼續日常活動時，提醒自己，你可以選擇對每一個相遇的人扮演成一個完全的人，表現真心、坦誠和真實。你可以欣賞和慶賀其他人獨特的恩賜與才幹，即使是那些你不太熟悉的人。不要限制你給你的兒女或丈夫祝福。相反，要作一個激勵者，鼓勵每一個你遇到的人，不論是在銀行為你兑現支票的人，抑或你認識最久的朋友。如果銀行職員處理得有點慢，或你的朋友犯了錯，以恩典和尊重回應他們吧。每一個你與他交流的人，都是按照上帝形象所做的奇妙個體。當你用尊重與關懷對待每段關係，就能在完全之中成長。

為真誠的分享製造一個安全空間。當我們感到安全和安穩時，當我們互相信任，並分享我們最深的傷痛和傷害時，親密就在其中建立了。對方有積極的回應，表現出同理心，我們就會感到有人聽到和明白。這些真誠分享的時間並非偶然發生的。相反，我們可以在我們的關係之中，製造一個可誠實分享的環境，從而提升親密度。

雖然親密乃在真誠分享時產生，但有些時候，分享你最深層的自己是會不安全的。舉例說，在商場裏也許就不是一個分享最深層的自己的好地方，倘若你在餐廳或咖啡店與朋友見面，而環境是很嘈吵或令人分心的，那麼就很難專注地真正聽到對方的聲音。你也許不想在一些欠缺私隱的地方，分享最深層的個人感受。而在不安全的環境以外，有時有些人也是不安全的。與一個不尊重你或你的故事的人分享，是可以令人受傷及摧毀性的。當那環境或關係是不安全的，選擇不分享最內裏、最受傷害的自己，也是對的。

其中一個你可以製造的安全空間，就是讓人知道，你是真心願意聆聽別人的故事。作為治療師，我讓別人知道我真心希望聆聽受助者的故事的其中一個方法，就是提出問題。當珍妮跟我分享她的故事時，我提出很多問題，讓她可以澄清或陳述她的故事，因為我要確保自己明白。其他時候，我也會提問問題，為的是推動她進深一層。我追問這些細節，並不是要滿足自己的好奇心。相反，我提問問題是希望從她的角度去明白這個世界。我想珍妮明白，我關心她，而且願意聆聽所有她想告訴我的事。我沒有迫她馬上告訴我她故事的細節。事實上，在幾個月後，珍妮才告訴我她小時候曾被侵犯。雖然我一度懷疑她過往曾有重創，但是，對我來說，待珍妮覺得準備好了，才與我分享她的故事，是最重要的。倘若我迫使她在未準備好的時候就分享，就可能令她再一次受創傷。我關心珍妮，希望聽她的故事——當她感到安全，可以告訴我的時候。

向我們關心的人提問一些有意思的問題，我們就表現出對對方的生活感興趣，而不是藉以分享自己的故事。我們要表達我們關心他們面對過的傷害，而不是要提供一些答案或意見，企圖去改變或修正他們。有時，要知道問些甚麼問題才能製造這種安全的環境，是有點困難的。任何表現出真誠的關心與關懷的問題也能奏效。一些可能性包括，「形容一下你最懷念的童年往事」、「去年上帝教導你的事情當中，哪一件是最深刻的？」或「你正在哪一方面成長或改變呢？」，又或者你可以先從喜愛的書或電影等簡單問題開始。然而，有時建議也是有用的。書局裏有許多不同種類的問題書，內有數以千計不同範疇的問題。你甚至可以與一班朋友或你的配偶玩問問題遊戲，你讀出問題，其他人回答。這遊戲鼓勵人們認真地提問問題。在你自己的回應中，示範何謂坦誠，並且肯定和欣賞那些對你誠實坦誠的人。

另一個製造安全空間作分享的方法，就是對別人表達真實的尊重和欣賞。其中一個這樣做的方法，就是透過一個「肯定圈」（affirmation circle）。我曾與我的丈夫、朋友、家人、受助者和小班進行這種「肯定圈」。方法十分簡單。由一個人開始，然後圈內的其他人就表達欣賞、尊重和欣賞那個人的地方。繼續下去，直至圈內每個人都被其他成員肯定。這個圈可以有二至十人。可是，要有心理準備，當中所需的時間，可能比你想像中長。我丈夫最近在男士退修日中進行「肯定圈」，他預計約需四十五分鐘。結果，他要催促他們，才能在兩小時多一點的時間內完成。每一次我做完「肯定圈」，都會感到與圈中的人更聯繫和親近——不是因為我能聽到別人的肯定。雖然聽到那些關於我的肯定，也是令人鼓舞的，可是整個經驗卻是關於聯繫。與一班人一起彼此說彼此造就的說話，這祝福是何等美好的呢！

無論你是透過提問抑或「肯定圈」去促進親密，重要的是確保你與可信任的人去進行。縱使你可以做很多事去製造一個安全的環境，但你卻無法令別人變得安全可信任。如果你有理由懷疑對方將會作出傷害，那麼，「肯定」其實就是偽裝的批評。又或你不能投入，結果嘗試去促進親密，就帶來傷害多於建立。我會鼓勵你，先嘗試向那些你熟悉以及你相信能夠投入的人，問問題或進行「肯定圈」。如果你現正與一個同伴或一組人看這本書，那就是一個開始的好地方。

上帝創造我們，是要與別人建立親密的關係，如果我們不在關係上成長，就無法在完全中成長。透過照顧自己、珍惜所有關係及製造坦誠分享的安全空間，我們

就能發展健康親密的關係。可是，有些時候，我們在關係上的困難，並不是因為不滿或缺乏聯繫；相反，我們的關係一直是沉重傷痛的源頭，我們過去的傷害令我們不能前行。因此，我現在會轉向談關於傷口的傷痛，以及如何開始重修的過程。

註釋

1. Stanley J. Grenz and Denise Muir Kjesbo, *Women in the Church: A Biblical Theology of Women in Ministry* (Downers Grove, IL: Inter Varsity Press, 1995), 171.
2. Mary Stuart Van Leeuwen, *Gender & Grace: Love, Work & Parenting in a Changing World* (Downers Grove, IL: InterVarsity Press, 1990), 46.
3. Van Leeuwen, *Gender & Grace*, 45～46.
4. David Benner, *Sacred Companions: The Gift of Spiritual Friendship and Direction* (Downers Grove, IL: InterVarsity Press, 2002), 41.
5. Brennan Manning, *Abba's Child: The Cry of the Heart for Intimate Belonging* (Colorado Springs, CO: NavPress, 1994), 56.
6. T. F. Torrance, *The Mediation of Christ* (Grand Rapids, MI: Eerdmans, 1983), 79.
7. Mary Ellen Ashcroft, *Balancing Act: How Women Can Lose Their Roles and Find Their Callings* (Downers Grove, IL: InterVarsity Press, 1996), 86.
8. David Schnarch, *Passionate Marriage: Keeping Love and Intimacy Alive in Committed Relationships* (New York, NY: Owl Books, 1997), 107.
9. Jack O. Balswick and Judith K. Balswick, *A Model for Marriage: Covenant, Grace, Empowerment and Intimacy* (Downers Grove, IL:

InterVarsity Press, 2006), 97.

10. Henri Nouwen, *The Wounded Healer* (New York, NY: Doubleday, 1972), 94.

11. Balswick and Balswick, *A Model for Marriage*, 33.

12. Jack O. Balswick, Pamela Ebstyne King and Kevin Reimer, *The Reciprocating Self: Human Development in Theological Perspective* (Downers Grove, IL: InterVarsity Press, 2005), 36.

13. Stanley Grenz, *The Social God and the Relational Self: A Trinitarian Theology of the Imago Dei* (Louisville, KY: Westminster John Knox Press, 2001), 302.

14. Schnarch, *Passionate Marriage,* 188.

15. Kathleen Fischer, *Women at the Well: Feminist Perspectives on Spiritual Direction* (New York, NY: Paulist, 1988), 204.

16. Benner, *Sacred Companions*, 41.

17. Parker Palmer, *Let Your Life Speak: Listening for the Voice of Vocation* (San Francisco, CA: JosseyBass, 2000), 30.

18. Manning, *Abba's Child*, 169.

10
修補破碎的心
從失去、被虐待和其他人際關係的創傷中復原過來

雖然我們聽到父母、朋友、甚至自己理智的勸喻，

但我們的情感沒這麼容易被管得住。

我們會在愛情中迷失自我。

我們愛得義無反顧，然後，愛——置我們於不顧。

尚德納（Sara Shandler）

《歐菲莉亞的自白》

（*Ophelia Speaks: Adolescent Girls Write About Their Search for Self*）

經過幾個月的面談，這天，四十八歲的黛布拉（Debra）輕輕地對我說：「我還記得爸爸離家那天是聖誕前夕，當時我九歲。每晚我都會聽到父母吵架，有時為了我，有時為了爸爸老是不在家的事。當媽媽告訴我，爸爸將不會再回家時，我的心簡直就像被人一刀刺穿了。我還記得當我知道他聖誕節早上不會在家時有多難過。這已是很久以前的事了，雖然現在我已有了我的家庭，但不知怎的，這個傷口就是沒有愈合過。」

縱使我們從出生那天已準備好建立各種人際關係，

一段關係的失去仍會導致我們在其他關係中出錯。我們可能失去了一段刻骨銘心的關係，令我們感覺迷失。我們可能置身一段很痛苦的關係，甚至遭到虐打。當我們在一段關係中受傷，無論是被遺棄或死亡、離婚、分手、或被背叛；無論是心理上、肉體上受了傷，甚至是性虐待，傷口都會愈來愈深。

像黛布拉一樣，有些人會帶著心中的利刃過生活。我們可能不確定怎樣把刀拔出，又或者害怕拔出過程中所要承受的痛楚。可是，不把令我們受傷的源頭清除，只會令痛楚、病毒擴散，令自己陷入更多痛苦之中。利刃留在心裏，只要被輕輕碰到，傷口就會再被掀開。在楊腓力（Philip Yancey）的經典著作《有話問蒼天》（*Where Is God When It Hurts?*）中，他形容傷痛為一種不凡的恩賜：

> 很多時候，肉體上的劇痛令我們忘記痛楚本身的意義。當我跌斷了手臂，狂吞阿士匹靈止住痛楚後，我怎也不會想起，那種痛其實救了我。就在手骨折斷的一刻，劇痛正正提示我們身體處於危險之中，並在受傷的部位啟動防禦機制，促使我馬上停止令傷勢加劇的舉動。所以説，痛楚提醒我們好好料理傷口，以達致康復。[1]

就如身體所受的傷，情感受創也觸動我們的神經。麻醉自己的確可以暫時舒緩痛楚，卻不能長期止痛。如果我們選擇漠視傷勢，或借助酒精、食物、工作、一段新的關係、或胡亂做些事暫緩傷痛，那只是治標不治本。要傷口痊愈，我們必須面對那個傷口。在這一節中，我會探討怎樣治療人際關係中所受的傷害，例如向別人訴說你的故事，容許自己感受創傷附帶的各種情緒，承認你受了傷害。我也會解構寬恕在治療中所擔當的角色，以及嘗試接受新的關係的重要性。

訴說你的故事

若我們想向世界反映上帝，就必須面對傷痛。承認我們受到傷害，並不等於就自己的煩惱向別人發牢騷，或遷怒於其他人。相反，勇敢面對自己的傷口，是走向痊愈的第一步。

黛布拉的爸爸離開的那個寒冷夜晚，她只知道爸爸不會再回來了。一個月後，她才知道爸爸是為了另一個女人離開這個家。一年後，爸爸更和那個女人結婚了，破滅了黛布拉對父母會重修舊好、他們一家人會重圓的幻想。坐在教堂裏看著爸爸迎娶另一個女人，黛布拉覺得胸口上的那把刀，又再狠狠的刺進她的心。自此，她爸爸建立了新的家庭，育有三名子女。縱然黛布拉每逢假期或隔個週末會去探望爸爸，但她感覺自己只像一個客人。幾年後，她媽媽也改嫁了，跟繼父生了兩個小孩。縱使黛布拉與媽媽的關係親厚，但她也漸漸覺得自己不屬於任何一個家庭。

黛布拉很想快些長大，很想快些建立自己的家庭，讓自己有所依歸。畢業後不久，黛布拉與高中時的男朋友肖恩（Sean）結婚了。雖然他們一直都在一起，但婚姻關係卻不甚穩定。黛布拉無法擺脱肖恩會離她而去的恐懼，而肖恩又為了黛布拉無法相信他而感到愈來愈懊惱。孩子還小的時候，黛布拉將全副心神都放在他們身上，把自己小時候得不到的愛和安全感全部給予他們。有時候，那種愛強烈得令孩子透不過氣，他們漸漸也顯得有些抗拒。這令黛布拉覺得連孩子們都要把她拒諸門外，心中的利刃，又再刺痛她了。現在孩子們都長大了，黛布拉才發覺自己有多沉溺於母親這個角色。孩子們不再需要她的照顧，令她這幾年感覺若有所失。家裏只剩下黛布拉和肖恩兩口子，他們卻從未真正感覺親暱。從外面看，黛布拉好像已獲得她夢寐以求的安全感——跟丈夫結婚三十年，並養育了三名子女。然而，即使在自己家中，她仍舊感覺像無主孤魂，令她心感不安。

如我們要真正地治療人際關係的傷口，就首先要檢查傷勢。黛布拉要拔出那把自她爸爸離家那天就插進心坎的利刀，就必須先重新發現及承認利刀的存在。她不應再自欺欺人地認為爸爸拋妻棄子的事是陳年舊事，已不再困擾她；反之，她應該正視它，和承認這件事對自己的傷害有多深。要知道無論我們是否願意承認我們的傷痛，那些舊患總會在生命中的某個時刻浮現出來。

對於黛布拉，她對丈夫會離棄她又或孩子們會厭惡她的持續恐懼，把舊有的傷口掀開了。面對這種情況，有些人會無故變得易怒、抑鬱，又或神經緊張，焦慮不安。有些人還會有頭痛，難以入睡，或背痛等等的生理徵狀。我們可能發現自己對丈夫和孩子失去耐性或諸多挑剔。我們對上帝或對其他人的服事或會變得枯燥無味，或純粹出於責任感，失去了樂趣和意義。

關注和承認傷口的存在後，我們必須鼓起勇氣去處理它，實在點說，就是要把利刃拔出。在討論她的療程時，黛布拉對我說：「當年我爸的離去對我的童年造成極大創傷。我很害怕拔刀的過程會如當初被它刺傷一樣痛。」黛布拉的恐懼並非不切實際。她曾幻想不費吹灰之力就能令創傷消失無蹤，而她過往四十一年所用的策略就是對傷口不加理會。雖然把刀留在身體裏可以避免拔出時所受的痛楚，但卻無形中傷害了她與丈夫和孩子的關係。黛布拉不能再逃避，她要真正痊愈。通過承認她怎樣受傷，和再次感受那痛楚，黛布拉發現上帝比她的痛更大。儘管這是她一直的信念，這刻真正**感受**到又是另一回事。

黛布拉用了幾個星期才把她的故事全都告訴我，而那——是個痛苦的過程。有時候黛布拉會受不了回憶所帶來的傷感、憤怒和內疚，她卻仍勇於回望痛苦的過去和承受所附帶的各種情感。史密德寫道：「我們得為自己所承受的傷痛負責，決定保留它或治好它。當我們能坦然承認傷口的存在，那代表我們已準備好去處理它。」[2] 黛布拉已厭倦被那舊患悄悄地控制她的情感，並決意把它治理好。過程中，黛布拉發現只要能正視傷口，她便能對抗那痛楚而不被擊倒。黛布拉比自己想像中更堅強，這是療程中很重要的自我發現。

雖然我們必須正視自己的傷口，但不代表要獨自面對。在其他人面前承認受傷了，讓他們陪伴在旁，就是讓上帝安撫我們的恐懼和悲傷，給我們力量。很多人認為向別人求助是難以啟齒，但這樣做，我們讓上帝以祂的大能眷顧我們。在拉莫特的自傳中，她告訴讀者，有一段時間她酗酒，並有自殺傾向，上帝透過一個弟兄幫助她。幾年後與這個弟兄説起，他憶述對拉莫特的印象是這樣的：「你告訴我你的禱告都沒有用了，而在你的絕望中，我看到你想**自救**的決心。所以我叫你暫停祈禱，讓我代你禱告。很快地，你的心就安定下來了。」[3] 透過承認創傷和向別人求助，拉莫特容讓這個人在她無法幫助自己時去幫助她。

但是，有些人會很抗拒讓其他人在療程中提供幫助。他們可能曾嘗試與人分享他們的故事，卻在過程中受到傷害。黛布拉年輕時曾向一個友人吐露父母離異對她造成的創傷，但友人卻只叫她放鬆點，看開一點，還説：「很多人都經歷父母離異，然而，他們卻不會將這小問題放大，他們都好好的生活啊，你也要跟他們一樣！」雖然友人這樣説其實出於好意，但這些話卻傷了黛布拉的心。黛布拉本想藉著分享，把心中的利刀拔出，結果，刀卻插得更深了。她的感受是真實的，她因而覺察到，與人分享她的痛不一定是個正確的選擇。

有時候，我們會否被囚禁在過往的痛苦中，取決於我們**怎樣**對人說出那段往事。一個可信任的朋友或輔導員可以協助我們把故事重新組織，不單有助宣洩情感，如能在創造故事中將傷痛重新定位，以及按照基督的形象重生，更有助我們步向成長和康復。黛布拉當初來見我的時候，告訴我她的子女都搬走了，心裏覺得很空虛，很不習慣；另一方面，她很想改善和丈夫的關係。黛布拉花了頗長一段時間才對我建立起信心，並安心告訴我造成她創傷的始末。開始時，黛布拉故意把她父母離婚的事說成一件「小事」，也準備好我會覺得她小題大作；但一路聽她說下來，我便知道那對她來說，那根本不是一件小事。在黛布拉的自我保護機制下，一個九歲小女孩的美好世界，在那一刻瓦解了。在輔導過程裏，黛布拉告訴我，她父母分開之後的幾年間，她是如何孤獨和痛苦。我們談及她父母離異和再婚，討論那對她和丈夫及子女的關係有甚麼影響。由於黛布拉願意冒險踏出第一步與我分享她的創傷，她意識到她可以安心跟別人分享這件事。在容許我在她身邊陪伴她和分擔她的痛楚後，黛布拉終於肯與丈夫分享多些自己的內心世界，並讓他參與她的治療。

當我們在人際關係中受傷，例如經歷失去、被拒絕、甚至被虐待，要復原的第一步就是承認那傷口的存在。就算有多可怕和痛苦，我們必須察看傷勢，才可妥善處理它。與其試圖不理會那痛楚，又或抑壓它，令自己對那痛楚麻木，倒不如讓自己感受那創傷帶來的所有痛感。最後，要真正康復，我們要懂得對人訴苦，並讓這個人陪伴我們解決問題。而第一個傾訴對象，最好是一個輔導員。如果你常常被惡夢或因憶起過往的不快片段而受困擾，或長期利用酒精或藥物麻煩自己，你更需要一個專業的輔導員。如果你因為抑鬱或焦慮影響日常工作和生活，甚或想過傷害自己，你應該尋求專業輔導或接受藥物治理。要選擇一個合適人選去訴苦是不容易的，但你務必要找到**這個人**，並容讓他陪你走向康復之路。

處理傷口

首先承認人際創傷所遺留的傷口，讓自己經歷它所附帶的各種情緒，並邀請一個信任的人同行，分擔痛苦，我們就可以著手處理傷口。雖然處理身體上的損傷時一般都會覺得痛，但那正好讓我們確定傷口有沒有受感染，病菌有沒有擴散。我與三個哥哥一起長大，他們往往比我更愛冒險。一天下午，我踏單車時出了點小意外。我的哥哥從單車上倒下來時還可以照樣嬉戲，就像他們故意跳車一樣！但我就比較柔弱，哭著跑回家告訴媽媽我跌倒了。當她看見淚流滿面的我和我擦傷了的膝蓋時，你知道她會怎樣做嗎？她會替我清洗傷口。那當然不是我想面對的事，因為清洗時會很痛。但為了讓我的傷口得到妥善處理，以及防止細菌感染，她會堅持替我清理擦傷的地方，又會在傷口塗上雙氧水時安慰我。雖然雙氧水很難聞，但她這樣做是為了幫我除去病毒和細菌，好讓我的傷口快快愈合。人際關係的創傷也會受感染而需要清理。真正的醫治，某程度上是需要放開壞東西——細菌和病毒——就是我們在關係中受傷所遺留下來的。

人際創傷與負面人際關係模式。有時候，我們要除去的所謂壞東西，就是那段關係本身。也許你的父母經常虐打你，又或你丈夫對你不忠，你首先要做的，就是脫離那段關係，以踏上康復之路。有時候，要摒除的未必是一段關係，而是建立關係的**模式**。黛布拉的人際關係模式源於她童年失去的安全感。直至成年，她仍對人際關係缺乏信心。她常常懼怕被遺棄或拒絕，有時那恐懼大得令親人都有點退避，那就更加強了她的恐懼。黛布拉要真正復原，首先她要確認她對人際關係的恐懼和不安是不切實際的。認清了自己也要對現在的關係的傷害負責，黛布拉終於覺得，自己不再只是一個其他人的錯誤決定或野蠻行為下的受害者，而是有能力去改變這局面，令自己的生命變得美好。黛布拉知道自己會因為害怕丈夫離她而去，而在他們的關係中顯得抽離，所以她努力嘗試**不去**逃避他。當她開始感到焦慮不安，她會提醒自己丈夫的忠實和他對她的承諾。即使會令自己害怕和猶豫，黛布拉也開始與丈夫分享自己真正的感受和想法。面對這個改變，她的丈夫也樂於與黛布拉分享感受，他倆從而感覺到前所未有的親密感。

縱然我們的經歷和瘡疤不可能跟黛布拉的一樣，但是在建立人際關係時，我們的內在運作模式，都會影響我們對自己的想法和對別人的期望。人際模式本身是好的，但如果這模式太苛刻，又或傷害到自己或別人，最好還是放棄它。

可能你童年時家裏充滿著爭吵，你學會了當「和事佬」。當有人發怒時，你懂得安撫他的情緒。無論與家人、朋友或教會朋友一起時，你都知道要做些甚麼令大家愉快。然而，這有可能代表你忽視了自己的需要或意見，有時更會令人誤解，或要說些美麗謊言。這樣，人家根本無法了解你，你與別人所建立的關係都很膚淺。

或許你熱心助人，當有人傷心或迷惘時，你會幫他們尋找出路；過後，你又去幫助其他人。日復日，沒有人真正了解你，你也無法與任何人建立長久而有意義的關係。

或許你在父親的侮辱和謾罵下長大，現在你發現自己常常與同類的壞男人談戀愛。你很想遇到一個善良的人，卻發現每段關係都是之前一段的翻版。

要從人際創傷中康復過來，我們必須認清並改掉那些不當的人際模式，以避免自己重蹈覆轍。一段安穩的關係就是拆解不良的人際模式的最佳平台。無論是好友或是輔導員，你需要一個會對你誠實的人，一個會助你跳出框框、客觀分析那些反覆傷害著你的人際模式的人。雖然這種坦誠的關係來得不易，但會發展得很好。當我的「守望伙伴」布理（Brittney）察覺到我的某些人際模式令我無法建立健康和完整的人際關係，她會告訴我她觀察所得。我們一起討論那些模式的成因，和怎樣逐步改掉它。我們應當在人際關係中成長和蛻變，而在我和布理的關係中，我學會逐步拆解並摒棄不良的人際模式。你需要一個可信任的和支持你的人，一個可以陪你傾訴和祈禱的人。找到了，你也可以改變命運。

學會寬恕。除了不良的人際關係和人際模式外，另一個令傷口難以愈合的原因，是創傷遺留下來的情感，如不快、憤怒、甚至憎恨。要治好創傷並不再受過去的傷痛困擾，我們要幫助自己放下這些潛藏心底的負面情緒。當冷酷無情的人狠心地傷害我們，要原諒他們簡直像天方夜譚。但實情是，倘若我們**不**原諒這些人，將對我們造成更大傷害。史密德說：「我們寬恕別人，如像釋放一個囚犯；然後你會發覺，那個獲釋的囚犯其實就是自己。」[4]

寬恕人不等於要去忘記之前所發生的事，也不等於替傷害我們的人講好話，說他們所做的沒有錯。寬恕不等同和解，亦不代表我們要扮作若無其事，也不是要漠視創傷或容許他人再三傷害我們。那麼，怎樣才是寬恕？關於這課題的研究和文獻有很多，有研究員看過這些著作後，認為寬恕建基於一個基礎上，「當我們原諒一個曾傷害我們的人，我們對那個人的態度（意思是對他們的想法、感覺，想去做和真的做了的事）會趨向正面」。[5]

寬恕源於上帝。當我們寬恕別人，我們把自己交託給上帝，相信上帝會完全治愈我們，使我們康復過來。那些對我們的傷害，根本沒有能耐阻礙我們榮耀上帝。當我們寬恕別人，也代表我們確信上帝絕對棄絕罪惡，每當罪惡發生祂都知道。寬恕時，我們不是要想上帝讓某某脫身。而是我們同意上帝的意思，那件痛苦的事根本不該發生在我們身上。我們看到上帝要我們遠離罪惡，令我們（包括傷害我們的人）免於兇惡。所以，我們原諒一個人時，我們也把他交託給上帝。

寬恕容讓我們誠實面對自己：就是上帝破碎的孩子，並且最先得著寬恕。基督的作為及對我們的愛，加力予我們，寬恕就使我們用正面的思想，取締負面的想法。就如教牧職輔導員巴頓指出：

> 基督徒都被賦予寬恕的能力。從神學理解的角度而言，人與人之間的寬恕，不會令自己身體健康或確保自己得到救贖——做到寬恕，其實是身為基督徒的一種生活素質的顯現。上帝要我們去寬恕，不是作為祂寬恕我們的條件，而是祂按照凡人的需要賦予我們的能力。[6]

主禱文告訴我們，「免我們的債，如同我們免了人的債」（太六 12）。上帝寬恕了我們。我們原諒別人就是向身邊的人宣揚上帝的恩典和憐憫。透過寬恕，我們把傷痛交託給上帝，邀請祂同行。寬恕容讓我們放下苦澀和仇恨的包袱，把它放在耶穌的跟前，耶穌會明白，更會替我們擔起艱苦和痛楚。

痛苦的時候，我們總會埋怨自己。如果傷害我們的人是我們重視和所愛的，我們往往會為惱恨他們而不安。因此我們或會將嬲怒的情緒轉向自己，埋怨自己。**如果我是一個乖孩子，父母可能就不會離婚。如果我在性方面能滿足他多一點，他就不會有婚外情。我喜歡他對我特別嚴厲，這事發生是我咎由自取，不能說他虐待我。**要治療人際創傷，我們得對自己坦白。要放下對自己的不必要的惱怒和埋怨，才能做到寬恕。寬恕是治療的重要一環，但首先要認清究竟誰傷害了我們。心理治療師胡艾弗（Everett Worthington）提出，你需要承認「有人對不起你」[7]才可去寬恕。別人傷害了我們，我們卻整天埋怨自己，就永遠無法釋放自己。我們在處理自己的傷痛和試圖避免痛苦延續時，有時會傷害了其他人。要在處理自己的人際創傷時原諒自己，不等於故意讓自己的說話和舉動傷害別人。如果傷害了別人，我們要反省及要求對方原諒；但同時，也要小心錯怪自己。

對於過往的創傷，我們不單會埋怨自己，有些人還會遷怒於上帝。我們的信仰告訴我們，上帝愛我們，然而，當面對難以想像的苦痛時，我們或會覺得上帝離我們而去。當我們在痛苦中感到絕望和迷失時，很容易對上帝心懷怨懟。史密德舉出我們對上帝的憤怨會這樣表現出來：

> 我們有時候會憎恨上帝。我想，我們所有人都會這樣，儘管是暗地裏。如果我們不敢憎恨造物主，我們也會憎惡祂造給我們的東西。我們會憎惡這個世界，或憎惡自己。當我們對眼前一切美

好事物視而不見，或妒忌朋友遇到的好事；又當我們過分抑壓快樂的感覺，等於慢慢令自己憎恨上帝。[8]

當我們無法從上帝賜給我們的美善中得到喜樂，代表我們未能饒恕。當我們惱怒上帝，又會感到慚愧，那只會把我們和上帝的距離拉得愈來愈遠。因此，當我們難過和沮喪，最需要上帝的安慰和指引時，很可能連上帝向我們伸出的援手也看不到。

所以，要治理好創傷，我們必須在上帝面前坦誠面對自己的感受，包括一切傷心和憤怒的感覺。我相信上帝無條件愛人，絕不應該因世上發生的壞事而被埋怨；同時，我也相信上帝是至高無上的——有時，這兩個信念難以妥協。這不是對你信仰的考驗，我沒有資格，也沒有辦法就痛苦提出一個既全面又透徹的解決辦法。我只知道，全能的上帝可以理解我所有的疑問和困擾，所有畏懼和憤怒。惟有將這些都帶到祂的跟前，我們才可把自己釋放出來。上帝不需要我們饒恕，是**我們**自己要放下對上帝的惱怒和憤恨。史密德指出：「當你原諒上帝，心靈就會得到安靜，那你就可以摸索出步向美滿生活的路；並確信無論怎樣，上帝都會在你身邊。」[9]

要完全康復，我們不只要摒棄受傷的關係中不好的東西，也要抓緊好的東西。當我們受到傷害或侮辱，可能很難想像在當中找到正面的東西。但其實每次受傷，我們都了解自己多一點。在我們的破碎中，總有它的目的——而這目的就為我們的痛苦賦予意義，即使我們漸漸康復和遠離那痛苦。黛布拉從父母離異和再婚中，她學會珍惜關係。雖然她不是一個完美的母親，但她十分疼愛她的子女，又會保護她的家庭。當我輔導別人時，最重要的就是幫助他們重新找到希望。而希望的其中一個重要來源，就是在痛苦和傷害之中找到美好的東西。每個人的得著都有所不同：從失去，我們會學會生命可貴；從受辱，我們了解自己的堅忍。

有部分人卻為了得到這些教訓而感到痛苦，這又是另一回事，我將會在第十一課作深入探討。我輔導過一個年輕女士，父親被人殺死了，之後她在教會裏聽到人們對這事的評語，覺得很可怕。一個長者對她說：「你爸爸現在的處境更好，或許上帝想利用爸爸的死帶領你更接近祂。」要透過痛苦得到正面的信息，不等於上帝**要以**痛苦教訓我們。我們會在痛苦經歷中找到得著，這是我們應該好好把握的。但這並不代表上帝允許那痛苦發生在我們身上，迫使我們吸取沉痛的教訓。

除了把握正面的啟示，我們還要憑著希望和勇氣再愛人。我們愛人時，都是脆弱的。那個人可能會傷害或背叛我們、離去或離世。愛會令我們心碎，令我們失望。但事實上人生在世就是要與人建立關係，如果不是，人生就失去意義了。拿出勇氣愛下去，才是要真正治愈過去人際創傷的不二法門。不妨為別人、為自己、為上帝去冒險、去犯錯、去軟弱吧。

旅程上的工具

寫自傳。有時痛苦可能大得讓人受不了，要正視它更是可怕的事。所以，當我們在一段關係中深深受到傷害，我們會用盡辦法防止痛苦加劇。我們可能會依賴藥物、令自己很忙碌或不停跟人聊天，務求令自己想不起受到傷害。我們或會努力將情緒壓抑，裝作若無其事。但若要真正擺脫痛苦，好好生活下去，就必須勇敢坦誠面對那個傷口。如果對傷害啞忍，那傷害只會愈變愈大，控制我們的思緒。我們在明，痛苦在暗，它總會在暗地裏勾起我們的恐懼感和羞愧感。只有將痛苦帶到光明處，我們才可以真正治理它。

一個把痛苦重見天日，讓人知道你的故事的方法，就是寫自傳。開始時，儘量把童年回憶全都寫下。認為是重要的事，就要寫下。不要審核你自己或你的記憶。一直寫，不要中途編輯或修改你的故事，讓回憶和情感自然地跑回來。好好記下這些回憶和情感，因為這會令你的往事更活靈活現。雖然要再次記起和感受那些痛可能很辛苦，但它會提醒你所經歷的，你都捱過去了。有時候即時的痛苦會把我們的雙眼蒙蔽，只要退一步再看看受傷的自己，就可以更清楚看到我們的處境。

故事寫完後，不妨花點時間重看一遍。有時治療師會講解，當我們回顧自己的故事時，怎樣看到兩個不同的故事交織起來。好的部分是由一些我們遇過的美好事物，以及我們曾做過的事組成，使我們能享受生活和人際關係。壞的部分則包括我們曾受過的傷害，和我們令自己無法享受生活和人際關係的事。

與人分享你的故事，乃是一個讓別人跟你同擔痛苦的好方法，也讓我們聽聽第三者對事情的分析。你可以嘗試回答以下問題：

- 我從自己的故事裏得到甚麼教訓？
- 回望我的過去，我是否過分執著於壞的部分？(故事中當然有好的部分，如果你錯過了，就再讀並將焦點放在好的部分吧。)
- 有沒有一些人際模式是我之前沒有留意到的？

有時，由於我們太接近痛苦，以致有機會被它蒙蔽，例如忽視了生命中好的部分。這時候，你的知己應該會指出你所忽略的。要找出那好的部分，試試回答以下問題：

- 我從這經驗怎樣變得更堅強？
- 沿途有沒有令我喜出望外的人？
- 我的故事中，上帝在哪裏？

重看你的故事後，想想你希望以後的章節怎樣發展下去，並寫下你對故事的願景。不要規管自己，任由自己對未來夢想、憧憬一下，也讓上帝靜悄悄地觸動你。上帝總比我們看得更高更遠，所以，就讓祂帶領你到你想到的未來吧。你怎樣可以繼續療傷，好讓自己可以好好的生活下去，並且再去愛人？在你繼續過日子時，要記得你是一本未完的小說，並且你是有權選擇繼續寫一個充滿希望的故事。我不是說你可以操控未來。但這樣的想法卻會提醒你，你是有能力去選擇怎樣與世界溝通、交流。有上帝的幫助，你自然懂得替你的故事選材。

努力做到寬恕。重讀你的故事時，你會發現你需要處理那些痛苦和憤恨的情緒。你發現你在對另一個人、自己、還是上帝生氣？令痛苦和惱怒持續的其中一個原因，就是我們常把痛苦留給自己。當然，只是把事情說出來無助趕走痛苦，但逃避和漠視它更會令問題無從解決。

我們總是難以擺脫人際創傷所帶來的負面影響的另一個原因是，我們會以為自己**就是**那個傷口。這樣說可能有點奇怪，但由於我們很熟悉和習慣那傷口，要放下或許更可怕。但是，你要知道你本身比傷痛重要。所以，退一步以故事形式對人說出你的往事，你就能從一個較遠但較佳的角度視察那些傷口。

說過你的故事後，你應該發現有些舊患需要處理掉。當我們犯錯，我們需要上帝和身邊人的饒恕，所以，我們都應該學會寬恕。但這實在是很難做到的！史密德在他有關寬恕的經典著作中提到，寬恕不是馬上就可以做到的事，要慢慢來；有時即使我們原諒了人，事後仍是會很氣憤。另一方面，寬恕是不可能勉強的，要強迫的就不是真誠的寬恕。史密德指出，當我們做到寬恕，就可靠近上帝的大能：

我們為那根本不應該存在的傷痛展開一個新的旅

程。除了疾病和死亡是改變不到的事情，我可以轉變過往的傷害，來醫治未來。寬恕讓我們感受到前所未有的愛，與上帝步伐一致。結果我們就能醫治好那個我們本不應該受到的傷害。[10]

雖然寬恕很難，但絕對值得。當我們釋放了苦澀和仇恨，我們便能帶著愛和希望邁步向前。

要寬恕一個你憎恨的人，可以由寫一封信給他開始。你可能要寫不止一封信，可能要多寫一封給另一個人，給上帝、或給自己。透過這封信去告訴收件者你怎樣受傷，告訴他你需要些甚麼卻從來沒有得到。利用這封信去釋放你的苦澀和憤恨。史密德提出，我們寬恕人的時候，連報復的渴望也放下了。[11] 報復根本不能令你滿足，因為你覺得傷害你的人永遠無法感受到你當初所受的痛。所以，寫信的其中一個主要目的，就是放下報復的念頭。當我在輔導課中教一些女士寫信給傷害她們的人時，大多數人都沒有把信寄出。她們寫信的目的，是道出她們所受的傷害，和審視傷害對她們現有關係的影響，作為寬恕的第一步。她們知道這信沒有甚麼神奇力量，不可能改變已經發生的事，但這是一個開始。她們需要一個開始。

胡艾弗提出了另一個好方法，去開始寬恕。胡艾弗是心理學家，他關於寬恕的著作為數不少，但他自己也曾陷於不能寬恕的困苦之中。在他的著作《寬恕與協調》（*Forgiving and Reconciling*）中，胡艾弗講述了在他母親被人殘忍地殺害後，他如何寬恕兇手的心路歷程。[12] 根據他多年的臨牀經驗和研究，以及他的個人經歷，他設計了一個寬恕金字塔，由R-E-A-C-H五個英文字母組成，是達到（寬恕）的意思，五個字母又各自代表一個寬恕的要素，對我們思考寬恕有莫大幫助。[13]

- 回想傷痛（Recall the hurt）：胡艾弗強調承認並講出傷痛的重要性，我們不應該否認，也不應該小看它的影響。
- 深表同情（Empathize）：胡艾弗提出，認識並了解傷害你的人的為人，有助你寬恕他。
- 予人被寬恕的機會（Offer the Altruistic gift of forgiveness）：要記得你也曾被饒恕，回想你的朋友或家人原諒**你**時那種感覺，考慮贈予其他人被原諒的機會。
- 公開表明寬恕（Commit publicly to forgive）：胡艾弗認為，當你公開表明你寬恕一個人時，你多數不會懷疑自己的決定。告訴另一個人、告訴上帝、告訴自己，你已經做到寬恕了。你也可以把寬恕實體化，例如寫一張證書、一封信或一首詩。
- 堅持寬恕（Hold on to forgiveness）：若你動搖了，你得提醒自己，你已承諾了要寬恕。記起傷痛，不等於不寬恕。

寬恕是一個漫長和艱辛的過程，並沒有任何捷徑。除非你願意並已經準備好，否則無法做到寬恕。當你厭倦背著苦澀和仇恨過活，你應該握著耶穌的手，把那重擔放在祂跟前。

擁抱希望。如果對於傷害和創傷只有一個解決辦法，那就是要有希望。「希望」是基督教的核心，「上帝願意叫他們知道，這奧祕在外邦人中有何等豐盛的榮耀，就是基督在你們心裏成了有榮耀的盼望」。（西一27）苦痛和傷害最壞的地方就是會使人絕望。我們會害怕沒有人給我們夢寐以求的愛；同時，也害怕無法再愛別人。我們懼怕痛苦揮之不去，以後也要活在那陰霾之下。我們覺得完全被孤立，就像永遠沒有人明白我們的痛。要找到希望，就要放眼將來，給自己找個活著的理由。即使理由有多薄弱和有多渺茫，我們也要找到它！約伯在經歷無數苦難後，對上帝說：「他必殺我；我雖無指望，然而我在他面前還要辯明我所行的。」（伯十三15）我們也要像約伯一樣再接再厲，對情況會有改善存有希望：希望有人來愛我們，希望我們可以再愛別人，希望自己快樂，希望日後可以再信任別人而不會受傷。

即使我們感到害怕和絕望，但若要從痛苦中康復，就必須尋回人生的希望。我們可以**盼望**健康和達致完全，因為要達致完全是上帝的旨意。要對上帝的承諾有信心，「耶和華說：我知道我向你們所懷的意念是賜平安的意念，不是降災禍的意念，要叫你們末後有指望」。（耶二十九11）不要放棄尋找希望，有機會實現就要好好把握。若有美好的事發生，即使是何等渺小，都值得慶祝一番。今早起牀時，你有喝一杯香濃咖啡的慾望嗎？

要為這慾望感恩，因為那是你的心靈通往希望的一扇窗。丈夫為你帶來晚飯，你是否覺得很窩心？雖然你們的關係可能不是完美的，但也有很多美好的事值得你去享有。

雖然人際關係可能導致不能承受的痛苦，但也會帶給我們前所未有的快樂。當我們受到不公平的對待時，一段健全而親密的關係可以安撫我們受傷的心。希望上帝給你帶來善良的人，盼望世界更和諧，有更多愛和希望。即使在最絕望的時刻，祈求上帝使你再次充滿希望，然後在你的世界裏看到祂的作為。

註釋

1. Philip Yancey, *Where Is God When It Hurts? A Comforting, Healing Guide for Coping with Hard Times* (Grand Rapids, MI: Zondervan, 1990), 22.
2. Lewis Smedes, *The Art of Forgiving: When You Need to Forgive and Don't Know How* (New York, NY: Ballantine Books, 1996), 135～136.
3. Anne Lamott, *Traveling Mercies: Some Thoughts on Faith* (New York, NY: Pantheon Books, 1999), 43.
4. Smedes, *The Art of Forgiving,* 178.
5. Michael McCullough, Kenneth Pargament and Carl Thoresen, "The Psychology of Forgiveness: History, Conceptual Issues, and Overview" in *Forgiveness: Theory, Research, and Practice,* ed.

Michael McCullough, Kenneth Pargament and Carl Thoresen (New York, NY: Guilford Press, 2000), 9.

6. John Patton, "Forgiveness in Pastoral Care and Counseling," in *Forgiveness: Theory, Research, and Practice,* ed. Michael McCullough, Kenneth Pargament and Carl Thoresen (New York, NY: Guilford Press, 2000), 290.

7. Everett Worthington, *Forgiving and Reconciling: Bridges to Wholeness and Hope* (Downers Grove, IL: InterVarsity Press, 2003), 73.

8. Lewis Smedes, *Forgive & Forget: Healing the Hurts We Don't Deserve* (New York, NY: Pocket Books, 1990), 114.

9. Smedes, *Forgive & Forget*, 123.

10. Smedes, *Forgive & Forget*, 191～192. 有關如何饒恕的進深閱讀，可參閱頁 125～158。

11. Smedes, *The Art of Forgiving,* 7～10.

12. Worthington, *Forgiving and Reconciling.*

13. 見 Worthington, *Forgiving and Reconciling* 內有他對 REACH 的全面研究。

11
完全破碎……然而卻完全
進入一個受傷的世界

對於我們為何要承受這樣多的痛苦，
我需要的不單是一個合理的解釋，而是要有簡單的勇氣，
伸出我的手，與我神聖的受苦伙伴攜手一同走過苦難。
我開始相信，對不公平的苦楚，
最可行的回應就是盼望。盼望些甚麼呢？
盼望到了時候，沒意義和不公平的痛苦不再發生。
在教會裏，當我們看不到有清楚的證據顯示
祂要領我們往哪裏，
盼望就成為一種勇氣。有勇氣去憑我們的盼望信靠上帝。

史密德
《寬恕的藝術》
（*The Art of Forgiving:*
When You Need to Forgive And Don't Know How）

我十七歲時初戀。在一次夏令會中遇上威廉（John Wilhelm），我很喜歡他。他的生命和精力深深吸引我。「有一天我要當總統。」他在初期某次跟我散步時對我

說。他是那樣的充滿魅力，又極其聰穎，因此我相信他。無論是對與上帝、家人和朋友的關係，威廉同樣是那樣的熱情澎湃。他既誠實又真誠，而且他在關係當中，視誠實高於一切。「你真是坦誠」就是對威廉的最高讚賞。他玉樹臨風、風趣幽默，我深深被他吸引住。威廉當時正準備入讀密西根大學（University of Michigan），那令他更加世故和有趣。當威廉追求我的時候，我簡直不敢相信我是何等的幸運，可以與他一起。他擁有一切我理想中男朋友的特點，而要確定他是我將來的丈夫，只是時間問題而已。

雖然我們住的地方車程相距約一小時，他卻時常會駕車來見我。他帶我到音樂會，我也會到安那寶（Ann Arbor）探望他，與他一起在密西根（Michigan）的足球賽上喝采。威廉會送我鮮花，與我浪漫的約會，為我舉辦十八歲驚喜生日會。更好的是，威廉擁有一種屬靈成熟度，是我從來未曾在其他同年紀的男生身上見過的。我們一同查經祈禱。我覺得他是個完美的男朋友，而當我被密西根大學取錄時，我簡直想馬上到安那寶，那樣我們就可以日夜相見了。可是，在我入讀大學之前的數週，威廉提出分手。我對我們將來一起生活的美夢破碎了，我完全崩潰。在威廉出現之前，我從來不知道何謂心碎，但那時我真切地感受到了。「你會安然度過的，」一些好心的朋友如此說，「你會遇到一個更好的。現在知道也是好的。森林裏有很多棵樹。時間可以治愈一切。怎樣也好，你不需要在大學時就決定結婚對象。」這些充滿愛心的說話都是由一些關心我的人說的。可是，當我在夜裏為著失去初戀及一些看似天真的盼望而哭泣至入睡，這些就彷彿是空話。

幾個月後，我搬到安那寶，我刻意迴避威廉，因為單單看見他，已令我很心痛。可是，就如我那些朋友說，事情總會好轉的。漸漸地，我留意到，那帶來的傷害減輕了。最終我不再躲避威廉，更在一年過後，重新跟他交朋友。可是，翌年暑假，威廉的生命有了戲劇性的改變。當他隨學園傳道會（Campus Crusade for Christ）一同短宣時，他與一班朋友遠足。他失足墮崖一百五十尺。這次墮崖卻令他沒有任何損傷——他一根骨頭都沒折斷。但那卻以其他方式拆毀他的生命。威廉昏迷數月，他的腦部受到嚴重震盪。他不能夠說話，甚至吞嚥。

當威廉在我入讀大學之前的暑假與我分手，那真是可怕。我的心以千百萬種方式破碎了。然而，當威廉遭到那次意外，卻改變了我。威廉的故事與我並沒有直接的關係，而我的經驗亦無法與那些愛他的人相比。可是，威廉的意外正正是我首次處理——並且一直在處理——在我自己的生命中承受極度的痛苦和破碎。

當人們的生命被痛苦蹂躪，這其中的破碎，很少在教會講道或禮拜堂中被講述。那不是一個令人舒服的題目。可是，作為治療師，那是無可避免的。身為治療師，其中一項特權或負擔，就是在人們經歷破碎的時候，被邀請走進他們的生命。我想起有無數女性與我分享她們曾被性侵犯——被她們的父親、親友、祖父甚或牧者侵犯。我想起那些被出賣以致生命被拆毀的人，她們來見我。我想起那些男男女女，他們在沒準備之下，喪失子女、配偶、或其他所愛的人，卻似乎無法復原。我也想起那些生命被精神病或對酒精、毒品或性上癮而拆毀的人——姑勿論是他們自己，抑或是配偶或子女。然後我亦想起那些我曾輔導的人，她們的故事似乎沒啥特別，也沒有甚麼大事發生在她們身上，可是她們卻不知怎地感到迷失，並且落在痛苦之中。當然，即使你不是治療師，也會對痛苦有點認識的。毫無疑問，正在看這書的你們，有些是十分認識痛苦的。我們是墮落的人，住在墮落的世界之中。結果，事情往往不照常規發生，我們亦因而要面對許多各樣的痛苦。

因為我曾在生命中經歷破碎，這經歷促使我成為輔導員，而我意識到，閱讀這本書的人應該也經歷過痛苦，所以我希望能誠實地檢視破碎，來完結我們對完全的學習。我們很容易會以為，破碎就是完全的反義詞。如果你也有這種想法，你就很可能會以為自己已掌握那奧祕和盼望，以為不用經歷痛苦，便能通往完全的道路。你讀這書的目的可能是希望重整一下，以致可以逃避痛苦。我盼望的是，你可以學習去避過**非必要**的痛苦，並在你的關係、想法、性和自信上有所成長。

然而，通往完全的路途上，並不是毫無苦難的。當我們看見上帝在基督裏那完美的形象，我們就找到惟一一個真正完全及聖潔的生命。而基督的生命是充滿苦難和痛苦的。身為信徒，我們藉著分擔基督的苦難，與祂聯合（羅八17）。因此，破碎不是我們可以躲避的東西；相反，那是基督徒靈程的一個必要的部分。詩人寫道，「上帝所要的祭就是憂傷的靈」（詩五十一17）。成為完全的其中一部分，乃是要接納甚至融合那些破碎的部分，並使用它們去影響我們的服事。在往後的幾頁裏，我不是要解決痛苦的問題，卻希望可誠實地探討破碎：破碎對我們有甚麼影響，上帝如何可透過它工作，以及我們作為基督徒，可以如何有效地回應世界上的痛苦和破碎。

破碎使我們誠實

楊腓力稱痛苦為「沒有人想要的禮物」，而痛苦帶來的其中一份禮物，就是要我們誠實地面對自己的需要。[1] 我們大部分人皆不會要求痛苦和破碎。然而，當我檢視自己生命中的成長季節，就會發現，促進成長的肥料正是痛苦。在破碎的時候，我就感到絕望。我感到失望和絕望，卻比平順的日子，更能向上帝敞開自己。破碎提醒我，我無法獨力成就事情。我但願自己毋須透過痛苦才明白這個道理。我但願我過每一天都能謹記，我每一下呼吸，皆全在乎上帝。可是我卻不是這樣。相反，我輕鬆過活，為自己的成就和關係而驕傲。潘可寧稱此為功能性的無神論：「當我們處於那個階段，上帝對我們而言似乎不是那麼真實。所以我們不禱告。我們愈少禱告，上帝就愈不真實；我們的責任感愈暗淡，我們就愈忽視我們對上帝的意識的薄弱。要著重的重點是——這是我們的損失。」[2] 很多時候，只有在失敗或失去的時候，我才記起自己是完全徹底地需要上帝。破碎迫使我放棄正在掌握的幻想，並且叫我意識到上帝掌權的真理，叫我把信心置於祂的美善之中——即使當我的生命似乎要支離破碎。

當我在痛苦中感到迷失，聖經中一個女子的誠實和勇敢，不斷地感動我。三卷福音書都有記載她的故事，而在當中我們看見一個破碎的女子，她深深地意識到自己的需要是超乎她自己所想的：

> 有許多人跟隨擁擠他。有一個女人，患了十二年的血漏，在好些醫生手裏受了許多的苦，又花盡了她所有的，一點也不見好，病勢反倒更重了。她聽見耶穌的事，就從後頭來，雜在眾人中間，摸耶穌的衣裳，意思說：「我只摸他的衣裳，就必痊愈。」於是她血漏的源頭立刻乾了；她便覺得身上的災病好了。耶穌頓時心裏覺得有能力從自己身上出去，就在眾人中間轉過來，說：「誰摸我的衣裳？」門徒對他說：「你看眾人擁擠你，還說『誰摸我』嗎？」耶穌周圍觀看，要見做這事的女人。那女人知道在自己身上所成的事，就恐懼戰兢，來俯伏在耶穌跟前，將實情全告訴他。耶穌對她說：「女兒，你的信救了你，平平安安地回去吧！你的災病痊愈了。」(可五 24～34)

這是一個患了血漏十二年的女子。除了在肉體上受罪之外，她當時身處的社會，亦視流血為不潔淨的。根據利未記十五章的記載，任何男子倘若碰到這樣的一個女子，也要立即回家，潔淨自己。雖然我們知道這女子受了傷害，但我們仍有很多不知道的地方。舉例說，我們不知道她是否已婚。我們知道的是，在血漏的這些年間，她必須被禁止與丈夫有任何肉體間的親密。我們亦不知道她的年紀，或者她是否有小孩。可是，假設她的血漏是婦女病，我們可以想像到，她在這十二年間，同樣也會不育。在當時的文化氛圍下，女性只有極少的權利，她們僅能透過生育孩子來贏得尊重。因此，血漏所引致的不育，就更成了一個沉重的負擔。這個女子曾遍尋名醫，不斷尋找答案及尋求援助，可是她卻甚麼都找不著。更甚的是，她耗盡了金錢，病情卻一直惡化。

當所有處境都叫她感到絕望時，這女子的行為就表現出根本的盼望和信靠。我們感受到她的絕望，並不單是因為環境因素，而是由於看到她所做的事。她觸碰一個男子——並不是隨便的一個男子——這男子是位拉比及屬靈領袖。她知道，觸碰一個男子，是犯了宗教的規條，那亦是為何當耶穌問是誰觸碰祂時，她起初沒有上前來。她犯了宗教規條，因此在耶穌腳前「恐懼戰兢」。可是，在她的破碎之中，這女子深切意識到她要求助的需要，而那就令她作出勇敢的行動。

就像患血漏的婦人一樣，壓迫的痛苦令我極度意識到自己需要求助。魯益師在他關於苦難的名著《痛苦的奧祕》（*The Problem of Pain*）中，提到上帝使用痛苦去得我們的注意，「上帝在我們歡愉時輕聲對我們說話，在我們的良心中說話，並在痛苦之中叫喊。那是上帝用以喚醒充耳不聞的世界的『大聲公』」。[3] 痛苦總會圍繞著我們，不是嗎？威廉的意外所帶來的傷痛，同樣喚醒我。雖然我是基督徒，但是我與上帝的關係卻因為大學精彩的生活而有所倒退。可是威廉的意外喚醒了我。我從沒有好像在威廉的意外後般，那麼願意研讀聖經、親近上帝或敬拜祂。我要尋求一個答案。我想知道為甚麼。

我開始問一些我從前害怕問的問題。我會隨意問一些願意聆聽的人——我的父母、朋友、學園傳道組長、牧者。不是每個人都對我的提問表現積極。奧爾頓（Renee Altson）曾被父親強暴，她每次唸主禱文時皆有種說不出的痛苦。她在回憶錄《步入信仰》（*Stumbling Toward Faith*）中提到，她的問題如何令教會中的人不舒服。

> 他們不想面對自己的問題、懷疑，他們更標籤我為危險人物。我曾被視為製造麻煩的人……慢慢地我就看到，他們的問題並不在於我，或與我的問題有關，而是關於那無可避免（卻又從不說出來）的答案：「我不知道。」[4]

當我竭力想從威廉的意外中獲得些意義時，我聽到許多令人沮喪的陳腔濫調，說甚麼上帝正以人不明白的方法工作，又說祂的道路總高過我們的道路。我當然明白甚至相信這些說話有其聖經根據，可是它們仍然未能提供真正的答案，老實說，這些說話常常會令我憤怒。在威廉的意外事件上，說這些話的人總顯得那麼陳腐和高傲。我真想問他們會否在威廉仍在旁邊昏迷時，當著威廉的父親面前說：「上帝正以人所不能明白的方法在你兒子身上工作。」可悲的是，事實上就有許多善意的基督徒，會或曾經對威廉的家人說這樣的話。

然而，我的旅程相當蒙福，身邊的人不會只提供這種簡單的答案，而是會在我痛苦的時候，靜靜地坐在我的身旁。我媽的好友維基（Vicki）抗癌十九年，她離世後的一年，母親仍在哀傷之中掙扎。「我不知道這事為何會發生在威廉身上，」我媽在我們一起抱頭痛哭時這樣說，「我亦不知道為何維基會離世。我不知道為何威廉會昏迷。我相信上帝是美善的，祂亦掌管萬有，可是有時事情就是似乎完全不合理。」我的母親就如其他母親一樣，總在任何處境中能提供大量意見。然而，這次她的**不**明白，令她感到舒服，可以不用給我任何意見。

拉莫特在她著作《幽默與勇氣》（*Operating Instructions*）中，講述這種信心的奧祕。有一次，有個朋友和她兩歲的孩子同遊，小孩就睡在鄰房。這小孩爬了出小牀，把自己鎖在漆黑的房間裏。不管母親怎樣發狂地用力，也不能打開那道門。她除了安慰這個哀哭受驚的小孩之外，還把手指攝到門縫下，捉住小孩的手。最終，小孩把門開了。但拉莫特在另一個朋友確診癌症之後，聯繫到小孩的恐懼和絕望。

> 我不斷想起那個故事，我就像那個在黑暗中的兩歲小孩，上帝就像母親，而我是不懂得說話的。如她覺得破門而入是最好的方法，那麼她必然會那樣做，然後與我一同離去。可是，因著我朋友、教會和自己動搖的信心，我只能在門縫下抓緊她的手指。那是不夠的，是的，這是不夠的。[5]

拉莫特的說話道盡我個人痛苦的掙扎，那是我不能明白和解釋的，我同樣也像獨自在黑暗中的小孩，我也想找到光明的出路，只是我不知道怎樣走。

每當痛苦和苦難令我們懷疑自己的信心，我們可以靠近那站在我們位置的那位。藉著恩典我們才能成長、得醫治、並且認識上帝。在我們懷疑的時候，也是藉著恩典我們可以尋得信心去經過。就如多瑪士．杜倫斯寫道：「我相信耶穌基督在我裏面，並且同時把我可憐、動搖及不穩的信心——『主，我信，但我信不足』，祂透過祂不變的信實、懷抱、激勵、支持我，把我放在祂那裏。這就是不會跌倒的信心。」[6] 我們縱然會沒有信心，耶穌卻是信實的。而我們也可以抱著懷疑、戰兢及問題去信靠祂。

不管我怎樣認真努力，我從來都找不到一個滿意的答案，可以解釋威廉**為何**會出意外。然而，在尋找過程當中，我稍稍看到上帝的手指在門縫下，並且明白上帝比我的懷疑和恐懼更大。這樣瞥見上帝的手指，實在是一份恩典。奧爾頓這樣形容她的恩典之路，這路要引領她到那位可以處理她的懷疑的上帝：

> 祂不是住在小小的經文之中，也不是活在「凡事謝恩」中，又或只帶來內疚、羞愧和困惑的答案中。相反，祂活在我問的每個「為甚麼」之中，在我懼怕的每個時刻之中，在我心的每一部分之中，我的心願意向祂坦誠分享。[7]

奧爾頓形容了一位上帝，這位上帝會尋找我們，並且按我們的本相愛我們。這位上帝沒有要求我們在心碎時，仍然要強顏歡笑。相反，祂在我們的為甚麼和恐懼、問題與懷疑之中，與我們相遇。最終，這就是發生在我身上的事。在我感到最深切的恐懼和懷疑之中，我看到上帝的同在。藉著上帝的恩典，我透過威廉的意外發現到自己的「破落信心」——這信心是讓上帝掌權，又承認祂是美善的，即使當我不明白這事要在我身邊的世界如何成就。

曼寧寫道，「信靠往往是在絕望的另一端發生。當所有人文資源皆用盡，當所有對確據的渴求都窒息，當我們放棄控制，當我們不再嘗試計算上帝或破解奧祕，那麼——在我們無計可施之下——信靠就在我們裏面發生」。[8] 不論我如何使用我的智慧，我還是想不到個原因為何威廉會遇上意外。無論我怎樣希望改變這狀況，殘酷的真相就是，我不能做任何事去令威廉的身體復原。然而，最終在絕望的另一端，信心就在我裏面生發。這對其他人而言未必是一個滿意的解釋，但卻是惟一坦誠的答案。透過我在威廉的意外中經歷到的破碎，我發現到在上帝裏的信心和信靠，這是比我以往所知的更徹底和坦誠。

上帝使用我們的破碎

因此，破碎的其中一項恩典，就是能使我們誠實地面對自己的需要；它也能引領我們徹底地向上帝開放和信任。而破碎的另一項恩典，就是上帝可以救贖和使用它。而祂亦實在使用它。上帝使用我們的痛苦，令我們在祂裏面成長及成熟，而祂也使用我們的痛苦，讓我們接觸到別人。回想一下你生命中的痛苦時刻。在你感到受傷的時候，你是否會找一個似乎生活得很如意的朋友去輔導和安慰你？我不會這樣做。當我陷入痛苦之中，我想與一個經歷過痛苦的人傾訴。曼寧這樣寫道：「只有一個曾經經歷過的人，曾經喝過苦杯的人，曾經歷過人類存在的孤獨感和隔離感的人，才膽敢向我們說不出來的困惱輕呼聖靈的名字。」[9] 當我感到迷失和孤獨時，我渴望有一個友善的靈伴隨——一個會理解並向我的破碎說話的人。

幾年之前我輔導一個三十歲的婦人，她是凱特琳（Caitlyn）。當時她剛小產。在臨盆之前數週，她發現自己的男嬰已死在子宮內，而她需要以人工催生產下她那已死的兒子。我坐在凱特琳身旁，為她失去寶寶而哀慟，我的心為她而破碎。我們同工了幾個月，而當她在哀傷旅程上繼續前行時，我們就道別了。幾年之後，我也是小產，凱特琳的經驗和說話就纏繞我。雖然我沒有經歷過誕下一個已死的兒子那種痛苦，但我仍然同樣破碎。許多有愛心的朋友用諸般的方法鼓勵我，但凱特琳的說話和感受就是不停地來到我身上。這個曾經是我的受助者、我曾「輔導」過、我很多年沒見過或對話的婦人，她安慰我。然而，凱特琳自己也想不到，上帝卻在幾年之後，在我的生命中使用她的經歷。這意思不是說上帝容讓凱特琳失去寶寶，**為的**就是能夠在我的生命中使用那個經歷。這是完全兩回事，那只可說，上帝**確實**使用破碎。痛苦、傷害和破碎的經歷，就是我們世界墮落的結果。然而，上帝是拯救的上帝，祂要在我們的苦難中救贖我們。

在耶穌與血漏婦人的故事中，上帝也使用她破碎的經驗。祂使用她的破碎，來彰顯祂醫治的大能。沒有甚麼事比這個更具救贖性的了。然而，上帝同樣在我生命之中更切身使用這女人的經歷。耶穌在醫治她之前，祂望著她，並稱呼她為「女兒」。在一個輕視女性的社會中，耶穌稱呼一個女人為「女兒」。這些說話既能醫治又溫柔，而我也聽到那是對我說的，我同樣是不潔的。這女人的傷痛是我得醫治的源頭，又激發我在自己的破碎之中，來到耶穌的跟前。它們提醒我，耶穌在我的痛苦、恐懼和羞愧之中看見我，而且稱呼我為「女兒」。上帝沒有應許一個無痛的生命，祂並不經常這樣做。然而，祂與我們同行，慈聲地稱呼我們為祂的女兒，直到有一天，當我們與救主面對面的時候，就會經歷最終完全的醫治。

破碎需要真正的憐憫

血漏婦人教導我們，破碎能使我們誠實面對自己的需要，而上帝可以並且會使用我們的破碎。她亦闡述了，當面對別人生命中的破碎時，真正的憐憫的重要。耶穌選擇在情緒和身體上醫治她，就正正是祂的憐憫的具體例子。可是，祂選擇漠視兩項宗教規條，也顯明了祂的憐憫：祂容讓一個婦人碰祂，而祂又在公共地方與她對話。耶穌主動問是誰觸碰祂，然而祂在祂的神性裏是無所不知的。祂知道是誰碰祂的！當耶穌問這個問題，祂是在邀請這個婦人說話。這樣，祂就表示祂允許這婦人觸碰祂。更甚的是，這婦人是不潔的，耶穌卻沒有馬上要去潔淨自己。然後，耶穌容許並邀請她在公開場合說話，祂也回應她。耶穌沒有像當時的宗教領袖或人們那樣回應這婦人。相反，祂以無盡的憐憫去醫治她的苦難。

縱然我相信，基督今天可以選擇在身體上或情感上醫治我們，我卻不以為單用當日耶穌對血漏婦人說的話，就能有能力立即在肉體和情感上醫治人。因此，如何以憐憫回應破碎的人，我們在耶穌的例子中可以學習到甚麼呢？看起來可能是，我們應該告訴受傷的人，我們在這裏所學習到關於破碎的：就是痛苦可以引領我們徹底向上帝敞開，而且上帝可以，並且會在痛苦中使用我們。可是，真正憐憫的弔詭，卻引領我們作不一樣的回應。

雖然我極想以治療師的角度去分享這些道理，但是，一個更加憐憫的回應，卻往往是比較少言的。雖然羅馬書十二章15節提醒我們要「與哀哭的人要同哭」，但是同樣重要並需要注意的，是這篇裏沒有提及到的。它沒有說我們要嘗試幫助哀哭者明白他們為何哀哭。它也沒有說我們應該向他們解釋，為何上帝容讓他們經歷痛苦。它沒有說我們要提醒他們，說上帝是主宰及掌權的。它沒有說我們應該提到羅馬書八章28節：「我們曉得萬事都互相效力，叫愛上帝的人得益處，就是按他旨意被召的人。」不是嗎？保羅說我們應該與**哀哭**的人**同哭**。

魯益師的妻子，在魯益師完成了他那著名的、關於對苦難的神學研究後去世。之後，魯益師寫了另一本關於痛苦的書，就是《卿卿如晤》（*A Grief Observed*），而這本書則是專注於個人層面，而不是哲學層面：

> 這時，上帝在哪裏？這是其中一個最使人焦慮的病癥。當你快樂時，快樂得你覺得不需要祂了，快樂得你會感到祂的說話是在打擾你，如果你自己記得，以感激和讚頌歸向祂，你就會——或起碼感到——張開手大大歡迎。然而，在你絕望時，所有其他幫助都徒然，當你走近祂，會找

> 到甚麼呢？大門當著你的面關上，然後就是門栓從內關上的聲音。之後就是寂靜。你也可以離開。你等候得愈久，這寂靜就更加明顯。[10]

這些都是明明落入痛苦並且迷失的人所說的話。想像一下，魯益師在妻子過世之後，尋求一個朋友的輔導。聽過魯益師的憤怒和沮喪之後，若這個朋友開始引用經文，甚或魯益師自己的著作，那會怎麼樣呢？如果他選擇提醒魯益師上帝是掌權的，又或說現在就是上帝的時間，要收回他的太太，又或者上帝太愛她了，願意馬上與她同在。我猜魯益師必然對於這些回應感到沮喪和不滿——這有充分的原因。在《卿卿如晤》的充滿痛苦的字詞中，魯益師提醒我們，當我們的生命被哀傷打擊，觀點就會改變。

不要對一個受傷的人肯定說，事情會好轉的或時間會治療一切的，當中亦有憐憫——而這是我們不知道的。事情未必會好轉，時間亦未必會和我們所想那樣治療一切。

單單坐在痛苦的人身旁，別催促她要經過此事，其中已帶有能力和憐憫。當我們告訴她，總會沒事的，其實這並非對受傷者有益的。相反，這往往是因為我們感到不舒服。我們想她自己能努力做點事，這些說話亦推動她前進。在我們聽到朋友的痛苦時感到無助，就應該要記得，她可能同樣會感到無助。倘若我們容讓自己細心聆聽，就能夠從她的身上有所學習。

憐憫是**不在**當中給予意見。憐憫是**不在**當中解決問題。如果我們堅持要做解決問題的人，就是不容許人們帶著些無法解決的痛苦來找我們。當我們提出意見，往往是為了我們，多於為了受傷的那人。我們想他不投訴。我們不知道怎樣應付痛苦的寂靜，於是就用意見去填滿它。那能填補空白，而如果那人按照我們的意見去行的話，我們就會認為自己已幫上忙了。倘若他選擇不理會我們的建議，我們亦會釋懷，並告訴自己，我們已做了我們的部分，餘下的就由他了。

真正的憐憫必須有溫柔、誠實和忍耐。當我選擇不提供任何意見，又或不引用任何一句經文給一個破碎的人，那不是出於不信。我的確是相信的。上帝是掌權的，祂也叫萬物互相效力。可是，我也相信，當人在痛苦之中迷失，我最有效可以成為基督的代表的方法，就是真真正正地與他們同哭——靜靜地、尊重地在他們身旁坐著，陪伴他們渡過痛苦。

在這章的起首，我提及我朋友威廉的故事，部分原因是由於那是我首次經歷破碎。然而，我說出那個故事，亦因為那是個真正痛苦的真實故事。我多麼願意告訴你，後來威廉奇迹地得醫治，並且在非凡禱告中身體復原。雖然這當中有進步和成長，可是，威廉在太浩湖（Lake Tahoe）的山邊墮下一百五十尺，那可怕的一天至今已是超過十年。他仍然未能說話或吞嚥，而他的故事亦沒有所謂的「大團圓」結局。威廉的故事中的事實是傷心而痛苦的。

在威廉的意外過後，許多人向他的至親說一些好心卻又具傷害性的話，「也許上帝要使用這件事，讓他們一家人更加親密」、「上帝容讓這事發生，以致祂可醫治他，使威廉在人前成為一個見證」、「這些原是好的；緊記羅馬書八章 28 節」。我記得有人曾引用聖經，那叫我感到很憤怒，而我就為此而感到羞愧。我覺得我必然是一個可怕的基督徒。

可是，在這等令我深深陷入憤怒和傷悲的回應之中，其中一個朋友的說話，深深觸動我。我大概是在威廉的意外後的一年遇見他的。他曾是威廉高中時的朋友，後來在大學時卻沉溺毒品。我遇見他的時候，他已改過自新數個月，並且生命徹底在上帝面前改變。當他聽到在威廉身上發生的事，他沒有多言。他亦沒有說些甚麼高言大智，而正正就是他**沒有**說的話幫助了我。

他問我可否與我同去探望威廉。之後那星期的一個下午，我們一同到威廉的療養院，跟威廉談天，為他禱告。雖然那個朋友並不是個親密的朋友，我甚至連名字也沒有記住，但他卻在我旅程上幫助了我。他影響了我，因為他在我痛苦時出現。他很誠實，而且他也容讓我誠實面對這可怕及使人混亂的事。他沒有提供一個簡單的答案給我或威廉的家人，因為實在是沒有一個簡單的答案的。相反，他就在我恐懼、傷心和混亂之時，與我相遇。

那天，那個朋友對我來說彷彿就是耶穌。耶穌來到世上，就是要在我們所在之處與我們相遇，祂亦取了我們肉身的樣式、我們的罪和我們的破碎。「誰能不進入苦難就取去苦難呢？」盧雲問道，「除了一位受苦的神，沒有神可以拯救我們。」[11] 當我們看到其他人那些無法承受的痛苦，可以選擇很快地提供一些書籤或聖經金句、陳腔濫調或虛空的承諾。然而，我們敬拜的上帝就在痛苦之中，以最有能力的方法進入痛苦，從而表彰了真正的憐憫。那是我們在破碎之中所能做最偉大的事。不是要提供簡單的答案，不是要給一個快捷的辦法。相反，我們可以做困難的事，跟從基督的樣式，**進入**到那痛苦之中。

旅程上的工具

容讓你的傷口成為醫治的根源。我們都是破碎的。不論我們如何渴求純潔和正直，我們墮落的世界和混亂的生活反映出的現實就是——我們是破碎的人。我們傷害過別人，也曾被別人傷害。有時我們所面對的痛苦，是那麼的不公平和強烈，以致使我們癱瘓。關於破碎的其中一個迷思，就是上帝可以透過那痛苦，引領我們走向完全。這不是代表上帝會立刻奇迹地使我們感到安然及完整。相反，透過在痛苦中竭力成長，我們發現上帝可以「賜華冠與錫安悲哀的人，代替灰塵；喜樂油代替悲哀；讚美衣代替憂傷之靈；使他們稱為『公義樹』，是耶和華所栽的，叫他得榮耀」（賽六十一3）。

在一次與盧雲的退修中，亞麥可（Mike Yaconelli）反思他的傷處。

我看到，這是我的破碎、無力、軟弱，耶穌的堅壯；這是接受我缺乏信心，上帝給我信心；這是擁抱我的破碎，使我可以增加識別他人的破碎。這是我的角色，找出別人的痛苦，而不是舒緩它。[12]

做個解決問題的人是很吸引人的。我們都想感覺良好，而且也想令別人感覺好一點。可是，亞麥可提醒我們，我們是無法奇迹地舒緩別人的傷痛的。我們可以做的，是在他們的痛苦之中，陪伴他們。我們可以聆聽。我們可以關心。

如果我們准許的話，我們自己的破碎可以教導我們如何做。開始留意你的傷處，求上帝向你顯明祂如何使用它們為醫治的根源。尋找上帝在這世上如何及在何處作工及說話，以及臨在。不要躲避你的痛苦，相反是要讓它們教導你。其中一個方法，就是要在你的日記中，反思你自己的傷痛如何成為醫治的源頭——對你自己或對別人。祈禱並且求上帝向你顯明祂如何使用你的傷痛，然後就尋找新的機會，讓那些傷痛向你身邊的人述說恩典與憐憫。「因此，要使一個人的傷痛成為醫治的源頭，並不需要分享表面的個人痛苦」，盧雲寫道，「但卻需要持續地視個人的痛苦和苦難，乃出自為世人共同分享的人性。」[13] 透過破碎的經驗，我們可以學到如何在別人痛苦時溫柔地與他同行；我們也可學到怎樣以更多真正的方法去與人聯繫。

學習去真正聆聽。想像一下，有個朋友來找你，告訴你她與丈夫的婚姻出現問題已好幾年。最近，她發現他幾乎每天都在看色情刊物。你的友人感到極之羞愧和傷心。你可能會說些甚麼話呢？懷著真誠的關心，你可能會確定地説：「沒事的。你們會解決到的。不要擔憂，上帝會帶你經過的。」又或者你會問她問題：「這是何時開始的？他這樣做了多久？你有沒有甚麼懷疑？你打算怎樣做？」又或者，你可能會提供一些意見：「你為何不在電腦上加裝過濾器，那麼他就無法瀏覽色情網站。或者你倆可以見見婚姻輔導員。告訴你，我每隔數月就會買些新的內衣，使我們的生活更加刺激。或者你也可以嘗試一些新事物，令你們的愛情不那麼枯躁乏味。」

雖然我懷疑這些説話背後的真正道理和關心，但你可以在友人的痛苦和破碎之中，給予一些有力的東西。你可以聆聽。不要用一些肯定的話或建議或不停地發問去填補空隙，相反，你可以保持安靜。你可以給予你的友人集中的注意力和安靜、你的眼神和身體語言，讓她知道你就在她身旁。你可以透過在她痛苦之時守在她身旁，向你的友人傳遞愛。若你的友人哭泣，就給她一張紙巾，不要催促她盡快經過。如果你覺得不舒服，就從中學習吧。容讓那種不舒服的感覺，給你一扇小窗，看到你朋友所經歷的可怕痛苦。不要躲避那種不舒服，相反要擁抱它。讓它成為一個老師。你處理一下這一點的不舒服，就可以在友人身旁作基督的代表。

給予確據和建議須配合適當的時間和地點，可是很多時我們就是匆匆要到達那一步。相反，要慢慢的說。給你的友人多一點時間和空間去受傷和傷心。當我們被痛苦籠罩，確據可能會令人感到空洞和無言。比起意見與確據，我們更需要的是在旅程上有同伴。學習成為一個真正的聆聽者，迫自己靜靜地坐著。這樣做的話，你就是給予一個受傷的朋友一份你有的最好的禮物：你作同伴的禮物。

在你的旅程上反思。要成為完全，就是要在基督的苦難中與祂聯合，然後邀請祂使用你的傷處去接觸一個破碎的世界。不要逃走或嘗試躲避痛苦和苦難，通往完全的旅程要擁抱我們，並且問我們可以透過破碎的經驗中學到甚麼，並從中成長。

使用你的日記，反思你透過它在通往完全的旅程中有甚麼學習：

- 你會怎樣形容在開始這旅程時的自己？
- 在你察驗過你的思想與聲音、情緒和身體形象、自尊與關係、性關係及關係的傷處之後，你有甚麼的改變或成長？
- 在你發掘過這些東西之後，關於你的傷處，你學到些甚麼呢？
- 你最破碎的地方是在哪裏呢？
- 你是否感到自己在逃避這些敏感的地方？還是你容讓它們成為你的一部分，並影響你的服事？
- 曼寧寫道：「上帝所重用的任何人，必然是曾深深受傷的。」[14] 上帝怎樣使用你的傷處呢？

保羅曾是一個深深受過傷的人，他這樣形容上帝在我們的破碎中工作的奧祕：

> 他對我說：「我的恩典夠你用的，因為我的能力是在人的軟弱上顯得完全。」所以，我更喜歡誇自己的軟弱，好叫基督的能力覆庇我。我為基督的緣故，就以軟弱、凌辱、急難、逼迫、困苦為可喜樂的；因我甚麼時候軟弱，甚麼時候就剛強了。（林後十二9～10）

我們所敬拜的上帝，不是期望我們在來到祂面前之前能自己理順事情。相反，我們尋求的上帝，是拯救我們，又在我們破碎、罪惡、混亂之時，尋找我們。容讓上帝使你靠近祂的懷抱中。在上帝面前坦誠，讓祂幫助你誠實面對其他人，以致你的傷處可以成為醫治的源頭——你自己或其他人的。要對上帝的奧祕表現驚歎：在破碎之中，你可以成為完全。你是誰並非取決於你曾經是誰，又或你曾對你自己做甚麼；你是誰乃是你在基督裏會成為誰。基督掌管未來，祂的工作亦決定你將會成為誰——因此，與祂連合，接受醫治及復原的恩典，這是祂早已為你及在你裏面贏得的。

註釋

1. Philip Yancey, *Where Is God When It Hurts? A Healing, Comforting Guide for Coping with Hard Times* (Grand Rapids, MI: Zondervan, 1990), 11.
2. Cornelius Plantinga Jr., *Not the Way It's Supposed to Be: A Breviary of Sin* (Grand Rapids, MI: Eerdmans, 1995), 195.
3. C. S. Lewis, *The Problem of Pain* (New York, NY: Macmillan, 1962), 93.
4. Renee Altson, *Stumbling Toward Faith: My Longing to Heal from the Evil That God Allowed* (Grand Rapids, MI: Zondervan, 2004), 59.
5. Anne Lamott, *Operating Instructions: A Journal of My Son's First Year* (New York, NY: Anchor Books, 2005), 221.
6. T. F. Torrance, *The Mediation of Christ* (Grand Rapids, MI: Eerdmans, 1983), 108. 亦可參閱 James Torrance, *Worship, Community & the Triune God of Grace* (Downers Grove, IL, InterVarsity Press, 1996), 14～18。
7. Altson, *Stumbling Toward Faith*, 98.
8. Brennan Manning, *Ruthless Trust: The Ragamuffin's Path to God* (New York, NY: Harper Collins, 2000), 117.
9. Manning, *Ruthless Trust*, 45.
10. C. S. Lewis, *A Grief Observed* (San Francisco, CA: Harper San Francisco, 2001), 9.
11. Henri Nouwen, *The Wounded Healer* (New York, NY: Doubleday, 1972), 72.
12. 引自Brennan Manning, *Abba's Child: The Cry of The Heart for Intimate Belonging* (Colorado Springs, CO: NavPress, 1994), 52。
13. Nouwen, *The Wounded Healer*, 88.
14. Manning, *Ruthless Trust*, 48.

第四部

在羣體中成長

討論及反思問題

因此，基督徒羣體既是醫治的羣體，
這並不是因為治理好傷患或減輕了痛苦，
而是因為這些傷患和痛苦成為了一個新異象的出處或機會。
互相認罪於是就能深化盼望，分享軟弱，
亦提醒眾人將來有更大的能力。

盧雲
《負傷的治療者》

我們既帶有上帝的形象，就是為著關係及羣體而被造的。我們不是要獨自享受勝利和祝福，也不是要隔離地捱過困難與挑戰。我們有上帝的印記，而這印記其中令人感歎的一面，就是我們會渴望並且能容納親密的聯繫。當你展開這上帝給你創造的完全的旅程，千萬別獨自去完成這旅程。讓別人與你一起同行：自己嘗試用「旅程上的工具」，去思想那些看似令人沮喪或混淆的東西，去為一些這旅程中觸發的痛苦記憶而哀傷，在你想放棄時仍然繼續鼓勵你。當人們可以真實面對他人及上帝——包括好的和不好的，羣體就在其中。在我們最感受傷的時候，就是真正最需要羣體的時候。因此，我鼓勵你讓這個往完全的旅程成為一個通往羣體的旅程。你可能發現兩者其實近乎一樣。

1 在戀愛、家庭或事業中尋求完全

1. 試形容一個時刻，你覺得自己並不足夠，又或是你覺得自己欠缺了些甚麼，又或有甚麼不完美的。
2. 你有甚麼方法可以與瓊聯繫上？
3. 說一下你怎樣在生命中的不同時間去追尋「下一樣東西」。你會怎樣完結以下的句子「只要____我就會快樂」？舉例說，我會結婚、我有（另）一個小朋友、我的丈夫可以改變……諸如此類。你現在正追求的事物，如何阻礙你尋得平安？
4. 瓊有一段困難的日子，她不知道自己的長處。如果有人給你一張紙，你是否能夠很快地寫出自己的長處和弱點？你認為你從哪裏首先學習到或聽到這些正面或批評的信息？
5. 內文提到一些女性會在家庭關係、教會及媒體之中接收到負面的信息。你曾在哪裏注意到或聽過一些信息，是關於一個女人應該要是怎樣、要怎樣做或看起來怎樣才能成為「真」女人？你曾否在成長過程中聽過一些關於女人應該怎樣做的信息，而內文未有提及到的呢？

2 在我們的真實身分中尋找完全

1. 形容一下你在教會的成長經歷。你有上教會嗎？如果沒有，你成長時曾學到關於人性的甚麼呢？你學到的是我們全是「性本善」或「性本惡」？這些教導怎樣與在你身邊的人身上所觀察的一樣呢？如果你自小有上教會，那麼你的教會教導了你關於人性的甚麼呢？它有否著重美善或邪惡？你認為這些教導怎樣影響你對自己和別人的看法？
2. 看完這一章，你認為說我們是按「上帝的形象」所造的，是甚麼意思呢？
3. 你怎樣可以與這章裏的莉蓮聯繫上？
4. 形容一下你怎樣在或透過一段關係（與重要的另一半、家人、朋友、上帝等等）成長或改變？

3 學習使用你的聲音

1. 你在學校裏的經驗，與那「學校為何欺騙女生」研究的結果有甚麼相同和相異之處？
2. 你會怎樣去嘗試取悅別人並從中獲得接納？例如控制自己的聲線？
3. 文中提及我們會用一些過濾器，使自己不說出心中真正的想法。你有甚麼過濾器嗎？
4. 你較多答允或拒絕別人呢？你認為這怎樣影響你的關係？

5. 形容一個時間是你能夠自在、坦誠地與人分享你的感受。如果直接分享感受或正面衝突對你來說太困難，那麼，你如何改變你的感受和思想，以容讓自己做這事？
6. 在嘗試做這章「旅程上的工具」的建議時，你有留意到那些恐懼與關注嗎？可說說那些恐懼和關注。

4 負面的自我對話

1. 如果有人能夠聽到你的自我對話，他們能聽到甚麼呢？形容一下一些你平日會不斷聽到的話。它們與朱莉的負面意見有甚麼相異的地方？
2. 在這一章中，作者曾討論一些思想上的謬誤和認知上的路障，當中哪項佔用你最多時間呢？試舉例說明你某次墮進這些思想陷阱的經驗。
3. 如果你已試過終止思想的技巧，那麼關於你自己的思考模式，你學習到甚麼？
4. 使用某次你墮進這些思想陷阱的真實例子，定出一個「挑戰列表」，重整你的想法。
5. 內文提到可使用一些真理小卡。有哪些重要的真理你會用以填補你的思想，以致可以抵抗一些你時常墮進的思想陷阱？

5 當你的情緒擊敗你

1. 哪些情緒是你很難經歷或表達的？舉例說，如果你感到憤怒（假設那對你而言是困難的），你最害怕會發生甚麼事呢？
2. 曼寧提出信靠往往是在絕望的另一端發生。在你自己的生命中，你觀察到甚麼以印證這是真實的呢？
3. 你有哪些東西是不想讓上帝知道的？如果你在上帝面前完全坦誠和敞開，那會怎麼樣呢？
4. 形容某次你覺得被哀傷、擔憂或憤怒籠罩的經驗。那痛苦的情緒給你帶來甚麼信息呢？你如何能夠從那痛苦中學習或成長？如果你當時未能聽到那信息，現在你又從生命的那段時期學習到甚麼呢？
5. 痛苦怎樣在你的生命中成為一個老師？過去曾有甚麼具體的策略能幫助你應付痛苦的情緒（例如轉移視線、電影等等）？
6. 當你回答關於何時尋求輔導的問題時，你是否回答了很多個「是」呢？你之前曾否與專業或牧職輔導員談過？如果有的話，形容一下你的經驗。關於與輔導員談話，你有甚麼恐懼或想法？輔導可以怎樣幫助到你嗎？

6 永遠自覺不足

1. 請你的友人去回應以下這句子：「告訴我，關於你的事。」彼此說說關於真正的你。之後，形容一下你回答這問題時是否感到自在。為甚麼你會那樣想呢？你可以透過這練習學到些甚麼呢？

2. 你怎樣能聯繫到卡倫的經歷？你的故事有甚麼不同？形容一下你如何感到自己永遠不夠好。
3. 當你聽到人們談及自尊，你立即想到甚麼？如果自尊單單是指我們怎樣想或看自己，那麼你會怎樣形容自己的自尊？
4. 形容一下你與父母的依附關係。那段關係有多安全？你認為你發展了一套怎樣的內在運作模式？而那隨著時間又有甚麼改進或變化呢？
5. 桑福德（Sanford）及多諾萬（Donovan）寫道：「當一個小孩說『我是……（堅強、懶惰、精於數學、特別美麗、有趣、愛護動物等等）』的，很大可能是她曾聽過她的父母、師長、兄弟姊妹或其他重要的人說『你是……（以上任何一項）』太多太多次。」[1] 在你成長期間，別人曾告訴過你甚麼呢（例如，「你真聰明」，「你動作很慢」等等）？這些信息如何影響你的自尊？
6. 在你身處的文化或教會中，關於完美女人的形象，你學到一些甚麼？這些意念怎樣影響你的自尊？
7. 幻想你自己是耶穌關顧的那個婦人。耶穌也許會給你甚麼醫治的話？

7 與你的身體爭戰

1. 形容一下你自己的身體形象。你會否有時覺得「自己正在與身體爭戰」? 如果有的話,是怎樣的呢?
2. 你記得你首次被人批評你的外貌是何時嗎?你記得何時曾被別人批評你的身體呢?你認為這些批評如何影響今天的你對待自己的身體呢?
3. 有些甚麼東西你覺得是理所當然地能夠做的?
4. 文中提到,「我們不是要敬拜自己的身體、忽視它、誤用它或討厭它」。哪一項關於你身體的事是你最有可能去做的?你認為這模式是從何而起?而你希望有甚麼轉變?
5. 提出一個實際的方法,讓你在這週可以看自己及欣賞自己為完全的。

8 重新思考女性的性慾望

1. 在成長時,關於性或女性的性徵,你曾學習過或聽過?
2. 是否有人曾對你說污穢的話、或將身體太靠近你,而令你感到不舒服?你是否曾做過或說過一些關於性的事而感到不舒服,即或你沒有抗拒或說出你的不安?當你反省這些回憶時,有甚麼感覺?這些事情怎樣侵犯你?
3. 有關性的罪如何影響你與上帝的關係、與自己的關係、與丈夫或另一半的關係？你有沒有容讓自己去經歷基督那叫人震驚的寬恕與愛？倘若沒有的話，有甚麼攔阻你呢？

4. 如果你是單身的話，你看簡的故事時有何反應？你可以怎樣聯繫到她的掙扎？你如何處理上帝給你的性衝動和對親密關係的渴求？如果你是已婚的，你能否明白單身者面對怎麼樣的掙扎？你怎樣可以更加促進與單身女子之間的親密和聯繫？

9 追尋聯繫

1. 你怎樣限制、忽略或抑壓自己，以致能維繫與別人的關係？作者在文中寫道：「我們有些人實在太刻意追求這種親密，以致不惜做任何事去維繫這段關係，甚至在過程中失去了自己。」過往你曾做過些甚麼事去尋找「親密」?
2. 如果健康的關係是由一些認識及尊重自己的人去開始，那麼你在那過程之中會怎樣形容自己？你有多認識自己？你有多尊重自己？
3. 反思一下你有多易或多難去維繫關係。三角剖分或被動而進取的行為怎樣影響你的關係？你可以怎樣在你的生命中培育更直接的關係——與朋友或同事、兄弟姊妹或姻親、配偶或父母？
4. 形容一下你曾見過的女性之間的爭鬥。談談那是怎樣的，並且它如何影響你的女性關係。

5. 你是否傾向是個解決問題的人？當你在一段關係之中，你有多努力嘗試去勸勉、拯救或幫助另一個人？若你踏出那個角色，只是單單與另一個人一起，會是怎樣的呢？
6. 你有哪些關係是掙扎於要讓另一個人忠於自己？你懷疑你在其中會損失甚麼？這樣，你有可能經驗不到那人哪些獨特的恩賜、才幹和特質？
7. 當你肯定其他人的時候，是怎樣的呢？這會否似帶有威脅性或不安呢？你成長時從父母身上聽到的肯定是過多還是不足？
8. 你的另一半會否形容你為頗被動或依賴呢？或者，另一方面，你生命中的伴侶會否説你愛控制或支配呢？在你反思現有的關係時，你是否較難在關係中成為一個完全的人，又或邀請他人成為完全呢？在這些富挑戰性的範疇上，你如何可以開始向著完全成長？

10 修補破碎的心

1. 檢視你的內心。你曾經在關係之中怎樣被傷害？若這些關係的創傷令你心如刀割，嘗試形容一下那把刀。它插在你心中多深的位置呢？你是否有嘗試除去它？之後留下了一條怎樣的疤痕？
2. 你曾否真正與人分享在最深的關係中的創傷？如果沒有的話，我建議你用這羣體關係去做。選擇一個安全的人物、時間和地點，你可以有大量的空間和機會去做你需要做的事——哭泣、叫喊、擁抱、尖叫、丟東西、或只靜靜坐下來——只要你與人分享你的故事就可。確定你傷口的深度，並且讓這樣的分享幫助你邁向醫治。

3. 當你考慮清理關係的傷口時，你在生命中留意到一些甚麼有害的關係模式？苦毒與憤恨怎樣影響你現有的關係呢？
4. 你是怎樣思想寬恕的呢？你是否會很快便立即贊同你需要寬恕人的能力？要寬恕真正的痛苦並不容易。如果你覺得簡單容易，那很可能是因為你未完全意識你傷痛的深度。另一方面，只單單想到寬恕，會否已令你感到緊張萬分？要邁向更新的成長，你最需要原諒誰呢？如果寬恕是個過程，那麼你在這過程中的哪個地步呢？

11 完全破碎……然而卻完全

1. 回想你受傷的時候。形容一下你自己生命中的破碎季節。在你受傷時，有甚麼回應令你最得幫助？在痛苦中，有人在你身旁嗎？另一方面，是否有人給你提一些適時的答案或意見？這些針對痛苦的不同回應，怎樣影響你？
2. 這些破碎的季節怎樣影響你對上帝的信心？那些日子會否令你深深意識到自己需要一些超越自己的東

西？你又是否有不同的經驗？在那段破碎的日子裏，你有甚麼信心的掙扎？你可以怎樣讓基督介入，並且為你持定信心？

3. 其他人的痛苦經驗，曾經怎樣醫治你？你曾否見過上帝在其他人的生命中使用你的破碎呢？

4. 你過往怎樣回應受傷的人？在你給予真正的關懷和愛護時，會時常提供意見，或給予一些快捷的肯定嗎？如你就別人的痛苦去思想一個更安靜的回應，那會怎樣呢？隨著那回應的無助感，會否令你覺得重壓難擔呢？那無助的感覺可以如何提升你的憐憫之心？

5. 當你考慮到要在別人受傷之時進到他們的痛苦之中，有甚麼是最具挑戰性的呢？在進入了別人的苦難時，你會是怎樣的呢？

當你繼續走往完全的路程上，讓我呼應保羅的說話，給你留下這篇禱文：

> 並且照明你們心中的眼睛，使你們知道他的恩召有何等指望，他在聖徒中得的基業有何等豐盛的榮耀；並知道他向我們這信的人所顯的能力是何等浩大，就是照他在基督身上所運行的大能大力，使他從死裏復活，叫他在天上坐在自己的右邊。（弗一 18～20）

要記得，你是按上帝形象所造的寶貴孩子——那就是你是誰了。要記著「他的恩召有何等指望」——上帝的形象就是你是誰，也是你將會成為誰。並且要相信，靠著恩典，耶穌就在缺口之中，加力量予你，有回應地及負責任地生活，繼續你走往完全的路程。

註釋

1. Linda Tschirhart Sanford and Mary Ellen Donovan, *Women & Self-Esteem: Understanding and Improving the Way We Think and Feel About Ourselves* (New York, NY: Penguin Books, 1985), 57.

延伸閱讀

1 在戀愛、家庭或事業中尋求完全

1. Bilezikian, Gilbert. *Beyond Sex Roles: What the Bible Says About a Woman's Place in Church and Family*. 2nd ed. Grand Rapids, MI: Baker Books, 1985.
2. Fischer, Kathleen. *Women at the Well: Feminist Perspectives on Spiritual Direction*. New York, NY: Paulist, 1988.
3. Grenz, Stanley, and Denise Muir Kjesbo. *Women in the Church: A Biblical Theology of Women in Ministry*. Downers Grove, IL: InterVarsity Press, 1995.
4. Hubbard, M. Gay. *Women: The Misunderstood Majority*. Dallas, TX: Word, 1992.
5. Manning, Brennan. *Abba's Child: The Cry of the Heart for Intimate Belonging*. Colorado Springs, CO: NavPress, 1994.
6. Van Leeuwen, Stewart Mary. *Gender & Grace: Love, Work and Parenting in a Changing World*. Downers Grove, IL: InterVarsity Press, 1990.

2 在我們的真實身分中尋找完全

1. Balswick, Jack O., Pamela Ebstyne King and Kevin S. Reimer. *The Reciprocating Self: Human Development in Theological Perspective*. Downers Grove, IL: InterVarsity Press, 2005.
2. Grenz, Stanley. *The Social God and The Relational Self: A Trinitarian Theology of the Imago Dei*. Louisville, KY: Westminster John Knox Press, 2001.
3. Gunton, Colin E. *The Promise of Trinitarian Theology*. Edinburgh: T & T Clark, 1991.
4. Hoekema, Anthony. *Created in God's Image*. Grand Rapids,

MI: Eerdmans, 1986.
5. Lewis, C. S. *Mere Christianity.* San Francisco, CA: HarperSanFrancisco, 2001.
6. Manning, Brennan. *Ruthless Trust: The Ragamuffin's Path to God.* New York, NY: HarperCollons, 2000.
7. Plantinga, Cornelius, Jr. *Not the Way It's Supposed to Be: A Breviary of Sin.* Grand Rapids, MI: Eerdmans, 1995.
8. Torrance, T. F. *The Mediation of Christ.* Grand Rapids, MI: Eerdmans, 1983.

3 學習使用你的聲音

1. McMinn, Lisa Graham. *Growing Strong Daughters: Encouraging Girls to Become All They're Meant to Be.* Grand Rapids, MI: Baker Books, 2000.
2. Orenstein, Peggy. *Schoolgirls: Young Women, Self-Esteem, and the Confidence Gap.* New York, NY: Anchor Books, 1994.
3. Pipher, Mary. *Reviving Ophelia: Saving the Selves of Adolescent Girls.* New York, NY: Ballantine, 1994.
4. Shandler, Sara. *Ophelia Speaks: Adolescent Girls Write About Their Search for Self.* New York, NY: HarperPerennial, 1999.

4 負面的自我對話

1. Burns, David. *Feeling Good: The New Mood Therapy Revised and Updated.* New York, NY: Avon Books, 1980.
2. Cantor, Dorothy, Carol Goodheart, Sandra Haber, Ellen McGrath, Alice Rubenstein, Lenore Walker, Karen Zager and Andrea Thompson. *Finding Your Voice: A Woman's Guide to Using Self-Talk for Fulfilling Relationships, Work, and Life.* Hoboken, NJ: Wiley, 2004.
3. Greenberger, Dennis, and Christian Padesky. *Mind Over Mood: Change How You Feel by Changing the Way You Think.* New York, NY: Guilford, 1995.

5 當你的情緒擊敗你

1. Bourne, Edmund J. *The Anxiety & Phobia Workbook.* 4th ed. Oakland, CA: New Harbinger Publications, 2005.
2. Derosis, Helen. *Women & Anxiety: A Step-by-Step Program*

for Managing Anxiety and Depression. Rev. ed. Long Island City, NY: Hatherleigh Press, 1998.

3. Frankel, Lois. *Women, Anger & Depression: Strategies for Self-Empowerment.* Deerfield Beach, FL: Health Communications, 1991.
4. Hart, Archibald, and Catherine Hart Weber. *Unveiling Depression in Women: A Practical Guide to Understanding and Overcoming Depression.* Grand Rapids, MI: Revell, 2002.
5. Lerner, Harriet Goldhor. *The Dance of Anger: A Woman's Guide to Changing the Patterns of Intimate Relationships.* New York, NY: Harper & Row, 1985.
6. Yancey, Philip. *Where Is God When It Hurts?* Grand Rapids, MI: Zondervan, 1990.

6 永遠自覺不足

1. Benner, David. *The Gift of Being Yourself: The Sacred Call to Self-Discovery.* Downers Grove, IL: InterVarsity Press, 2004.
2. McGee, Robert. *The Search For Signifiance: Seeing Your True Worth Through God's Eyes.* Nashville, TN: W Publishing Group, 2003.
3. Palmer, Parker. *Let Your Life Speak: Listening for the Voice of Vocation.* San Francisco, CA: Jossey-Bass, 2000.
4. Sanford, Linda Tschirhart, and Mary Ellen Donovan. *Women and Self-Esteem: Understanding and Improving the Way We Think and Feel About Ourselves.* New York, NY: Penguin Books, 1985.

7 與你的身體爭戰

1. Cash, Thomas F. *The Body Image Workbook: An 8-Step Program for Learning to Like Your Looks.* Oakland, CA: New Harbinger Publications, 1997.
2. Franklin, Regina. *Who Calls Me Beautiful: Finding Our True Image in the Mirror of God.* Grand Rapids, MI: Discovery House, 2004.
3. Graham, Michelle. *Wanting to Be Her: Body Image Secrets Victoria Won't Tell You.* Downers Grove, IL: InterVarsity Press, 2005.

4. Lamott, Anne. *Traveling Mercies: Some Thoughts on Faith.* New York, NY: Pantheon Books, 1999.
5. Maine, Margo, and Joe Kelly. *The Body Myth: Adult Women and the Pressure to Be Perfect.* Hoboken, NJ: Wiley, 2005.

8 重新思考女性的性慾望

1. Hart, Archibold, Catherine Hart Weber and Debra Taylor. *Secrets of Eve*. Nashville, TN: Word, 1988.
2. McMinn, Lisa Graham. *Sexuality and Holy Longing: Embracing Intimacy in a Borken World.* San Francisco, CA: Jossey-Bass, 2004.
3. Rosenau, Douglas E. *A Celebration of Sex: A Guide to Enjoying God's Gift of Sexual Intimacy*. Nashville, TN: Thomas Nelson, 1994.
4. Smedes, Lewis. *Sex for Christians: The Limits and Liberties of Sexual Living.* Grand Rapids, MI: Eerdmans, 1976.
5. Wheat, Ed, and Gaye Wheat. *Intended for Pleasure: Sex Technique and Sexual Fulfillment in Christian Marriage*. 3rd ed. Grand Rapids, MI: Revell, 1997.

性虐待

1. Allender, Dan. *The Wounded Heart.* Colorado Springs, CO: NavPress, 1990.
2. Bass, Ellen, and Laura Davis. *The Courage to Heal: A Guide for Women Survivors of Child Sexual Abuse.* New York, NY: HarperPerennial, 1988.
3. Maitz, Wendy. *The Sexual Healing Journey.* New York, NY: Harper, 2001.

性沉溺

1. Arterburn, Stephen. *Every Man's Battle: Winning the War on Sexual Temptation One Victory at a Time.* Colorado Springs, CO: WaterBrook Press, 2000.
2. Hall, Laurie. *An Affair of the Mind.* Wheaton, IL: Tyndale, 1996.
3. Means, Marsha. *Living with Your Husband's Secret Wars.* Grand Rapids, MI: Revell, 1999.
4. Schaumburg, Harry W. *False Intimacy: Understanding*

the Struggle of Sexual Addiction. Colorado Springs, CO: NavPress, 1997.

獨身

1. Courtney, Cameria. *Table for One: The Savvy Girl's Guide to Singleness*. Grand Rapids, MI: Revell, 2002.
2. Hsu, Albert Y. *Singles at the Crossroads: A Fresh Perspective on Christian Singleness*. Downers Grove, IL: InterVarsity Press, 1997.
3. McDonald, *Skip. And She Lived Happily Ever After: Finding Fulfillment as a Single Woman*. Downers Grove, IL: InterVarsity Press, 2005.
4. Muto, Susan Annette. *Celebrating the Single Life: A Spirituality for Single Persons in Today's World*. New York, NY: Image Books, 1985.

9 追尋聯繫

1. Balswick, Jack O., and Judith K. Balswick. *A Model for Marriage: Covenant, Grace, Empowerment and Intimacy*. Downers Grove, IL: InterVarsity Press, 2006.
2. Benner, David. *Sacred Companions: The Gift of Spiritual Friendship and Direction*. Downers Grove, IL: InterVarsity Press, 2002.
3. Lerner, Harriet Goldhor. *The Dance of Intimacy: A Women's Guide to Courageous Acts of Change in Key Relationships*. New York, NY: HarperCollins, 1990.
4. Schnarch, David. *Passionate Marriage: Keeping Love and Intimacy Alive in Committed Relationships*. New York, NY: Owl Books, 1997.

10 修補破碎的心

1. Kübler-Ross, Elisabeth, and David Kessler. *On Grief and Grieving: Finding the Meaning of Grief through the Five Stages of Loss*. New York, NY: Scribner, 2005.
2. Lewis, C. S. *A Grief Observed*. San Francisco, CA: HarperSan Francisco, 2001.
3. ——. *The Problem of Pain*. San Francisco, CA: HarperSanFrancisco, 2001.

4. Smedes, Lewis. *The Art of Forgiving*. New York, NY: Ballantine Books, 1996.
5. ——. *Forgive & Forget*. New York, NY: Simon & Schuster, 1984.
6. Worthington, Everett. *Forgiving and Reconciling: Bridges to Wholeness and Hope.* Downers Grove, IL: InterVarsity Press, 2003.
7. Zonnebelt-Smeenge, Susan J., and Robert C. DeVries. *Getting to the Other Side of Grief: Overcoming the Loss of a Spouse*. Grand Rapids, MI: Baker Books, 1999.

11 完全破碎……然而卻完全

1. Altson, Renee. *Stumbling Toward Faith.* Grand Rapids, MI: Zondervan, 2004.
2. Manning, Brennan. *Ragamuffin Gospel: Good News for the Bedraggled, Beat-Up, and Burnt Out*. Portland, OR: Multnomah, 1990.
3. McMinn, Mark R. *Why Sin Matters: The Surprising Relationship Between Our Sin and God's Grace.* Wheaton, IL: Tyndale, 2004.
4. Nouwen, Henri. *The Wounded Healer.* New York, NY: Doubleday, 1972.
5. Yancey, Philip. *What's So Amazing About Grace?* Grand Rapids, MI: Zondervan, 2002.

經文索引

路加福音

約翰福音

使徒行傳

羅馬書

哥林多前書

哥林多後書

以弗所書

腓立比書

歌羅西書

帖撒羅尼迦前書

提摩太前書